JAK

JAK PRZESTAŁEM KOCHAĆ DESIGN

MARCIN WICHA

KRAKÓW 2018

I.
ZŁUDZENIA

URNA

– Proszę tonowo wybrać numer wewnętrzny lub czekać na zgłoszenie się sekretariatu – i w słuchawce rozległ się głos Louisa Armstronga:

And I think to myself,
What a wonderful world!

Ciekawe, kto wybrał ten utwór. Dyrektor krematorium? Sprzedawca automatycznych sekretarek („Mam coś odpowiedniego dla państwa profilu działalności")? Niewykluczone, że słodko-chrapliwy standard jest numerem jeden na jakiejś żałobnej playliście, najchętniej wybieranym podkładem muzycznym do ceremonii spopielenia.

W amerykańskich komediach często pojawia się ten wątek. Prochy w torebce, w pudełku, w puszce po herbatnikach. Doczesne szczątki w wazoniku nad kominkiem, w kuchennej szafce, na parapecie. – Co tu trzymasz? – Babunię. I już rusza gonitwa prześmiesznych perypetii. Eksplodują kolejne gagi. Kot strąca urnę. Pijany imprezowicz myli popioły z kokainą. Wreszcie kulminacja: ceremonia rozsypywania popiołów, zawsze przy wietrznej pogodzie, żeby figlarny zefirek mógł zdmuchnąć szary obłok prosto w twarze żałobników. Potem – orgia kichnięć, chrząknięć i otrzepywania ubrań.

Oglądaliśmy razem dużo głupich filmów.

* * *

Wszedłem do domu, w którym już go nie było. Zbiegły się przyjaciółki mojej matki, trwała ogólna krzątanina.

– Na stronach warszawskich czy ogólnopolskich?

– Czy można zachować zdjęcie z dowodu?

– A znalazłaby się odrobina śmietanki? Może być zwykłe mleko, jeśli nie masz.

Zarząd cmentarza. Krematorium. Życie zostało podzielone na szereg zadań do wykonania. Uczucie bezradności dopadło mnie kilka dni później, kiedy w zakładzie pogrzebowym przeglądałem błyszczący katalog z urnami.

Wszystkie modele wyglądały jak skrzyżowanie greckiej wazy i chińskiego termosu. Połyskiwały brokatem. Mieniły się chromem. Były złote, biało-złote, malachitowe i czarne. Miały ozdobne rączki i uchwyty. Niektóre wyglądały jak staroświeckie weki z drucianym zamknięciem. Inne przypominały baryłeczki Kubusia Puchatka. Dominowały tworzywa sztuczne, ale w ofercie nie zabrakło naturalnego kamienia (najwyraźniej i naturze zdarzają się gorsze dni).

No i oczywiście krzyże. Wyryte. Namalowane. Przyklejone z boku. Sterczące na górze (jak miniatura Giewontu). Nie mogło oczywiście nie być korony cierniowej, Matki Boskiej w półprofilu i Jezusa Frasobliwego. Biedny ojciec. Bezwyznaniowy Żyd, zupełnie niezainteresowany kwestiami religijnymi, znalazł się poza targetem.

Alternatywą był kwiatek – biała lilia lub przekwitła róża. W opinii branży pogrzebowej Polskę zamieszkują dwa rodzaje ludzi: chrześcijanie i przedstawiciele sekty florystów.

Przerzucałem strony, szefowa zakładu zaczynała się niecierpliwić. Pod jej spojrzeniem wybrałem w końcu jakiś wzór. Miał trochę mniej ozdób, nieco prostszy kształt i nawet biała róża prezentowała się dość skromnie.

Potem przez kilka godzin oszukiwałem się, że jest OK. Ale nie było. Ojciec nigdy by się nie zgodził na takie naczynie. To świństwo lekceważyć czyjeś uczucia estetyczne tylko dlatego, że umarł.

* * *

Gust mojego ojca przez długie lata określał nasze życie. Jego werdykty były gwałtowne i ostateczne. Żyliśmy na estetycznym polu minowym. Z czasem nauczyłem się omijać zasadzki i w miarę, jak wydeptałem bezpieczne ścieżki, narastało we mnie poczucie wspólnictwa.

Zostaliśmy towarzyszami broni w tej wojnie z całym światem.

Otóż ojciec nie wpuszczał brzydoty za próg.

Żyliśmy w oblężeniu, jak wizualni amisze. Przeciwko sobie mieliśmy system polityczny. Gospodarkę. Klimat. Centymetr za drzwiami zaczynała się olejna lamperia, posadzka z lastryka. Czekała winda ze stopionymi przyciskami, blok, pejzaż późnego socjalizmu.

Kiedy mowa o ludziach, których kochaliśmy, lakoniczne diagnozy są nie na miejscu. To, co dotyczy naszych bliskich, powinno być skomplikowane i niepowtarzalne. W istocie było proste i typowe. Po prostu są ludzie, którym niewłaściwy kolor wtyczki potrafi zepsuć pół dnia. Którzy wolą siedzieć w domu, niż wypoczywać w nadmorskim pensjonacie, gdzie dywany mają ohydny kolor. Nieszczęśnicy udręczeni billboardami gładzi szpachlowej.

Tak, tak, wiem. Gust jest kategorią klasową. Ustanawia hierarchie i podziały. Odzwierciedla nasze aspiracje i lęki. Pozwala się wywyższać, łudzić, oszukiwać. I tak dalej.

* * *

Przynajmniej w sprawie urny postawiłem na swoim. Znalazłem w osieroconym kalendarzu telefon do rzeźbiarza, z którym ojciec kiedyś współpracował. Zadzwoniłem. Wyjaśniłem, w czym rzecz. Do pogrzebu zostały dwa dni. Artysta wysłuchał mnie bez zdziwienia. Chwilę pomyślał.

– Robiłem kwietniki do kościoła na Ursynowie. Wystarczy odjąć nóżki, a będzie jak znalazł...

I tak pochowałem prochy ojca w czarnym sześcianie z granitu. Na jednym z boków wyryto imię i nazwisko. Krój pisma – Futura. Wersaliki. Dwa razy po pięć liter, elegancko wyjustowane, tak jak lubił. Rozpierała mnie duma. Urna była piękna. Problem polegał na tym, że jedyna osoba, która mogła to docenić, jedyna osoba, na której opinii mi zależało, już nie żyła.

CZEGO SIĘ DOWIEDZIAŁEM O DESIGNIE, NIE WYCHODZĄC Z DOMU

DREWNIAKI

Embargo obejmowało:

- komplety wypoczynkowe,
- szklanki na spodkach, a tym bardziej w ozdobnych metalowych koszyczkach.

Teraz, gdy o tym napisałem, przypomniało mi się, że istniały dwa rodzaje szklanek, te bardziej wybrzuszone (trefne) i kanciate, o przekroju trapezu, które mogły uzyskać certyfikat rodzinnego rabinatu.

W ośrodku niemieckim można było dostać szklane filiżanki, które zdradzały dalekie pokrewieństwo z Bauhausem. Tamże sprzedawano enerdowskie płyty bluesowe. Wątpię, by władze demokratycznych Niemiec przejmowały się prawami autorskimi, więc niewykluczone, że piratowaliśmy Muddy'ego Watersa, jeszcze zanim powstał internet.

Na domowej czarnej liście figurowały także:

- regały (samo słowo wydaje mi się odstręczające),
- meblościanki (patrz wyżej),
- pufy (patrz wyżej),
- kapcie (patrz wyżej),
- jak również chodzenie w skarpetkach.

Te dwa ostatnie zakazy sumowały się, co tworzyło dość skomplikowaną sytuację. Na szczęście w latach siedemdziesiątych polski przemysł obuwniczy produkował chodaki na drewnianych podeszwach. Oklejone metkami w języku angielskim (szwedzka flaga szybko się ścierała wskutek tarcia piętą) wędrowały na eksport, gdzieś do Europy Zachodniej. Musiały się zdarzać wahania koniunktury lub okresowe nasilenia kontroli jakości, bo niektóre partie chodaków trafiały na rynek wewnętrzny jako tak zwany „odrzut z eksportu".

Nieperfekcyjne buty, emaliowane garnki z błędem ortograficznym w słowie SALT, lekko zasiniałe półki systemu IVAR, nie dość dobre, by trafić do zagranicznego sklepu Ikea – takie odrzuty były poszukiwanymi towarami w polskich sklepach.

Victor Papanek w książce *Dizajn dla realnego świata* zachwalał „trätofflor – chodaki, które nadal są wyrabiane w szwedzkiej miejscowości Ängelholm, to znakomity przykład racjonalnego lokalnego dizajnu".

Zdjęcie na stronie 282 nie budzi wątpliwości. To one! Design był lokalny, ale produkcja stała się globalna (i to zanim nauczyliśmy się literować słowo „globalizacja").

U schyłku epoki Gierka moja rodzina stukała obcasami niczym gromada wesołych holenderskich (lub skandynawskich) wieśniaków. Zamieniało to życie sąsiadów w piekło i nie było tygodnia, żeby facet z dołu, w filmie mógłby go zagrać Louis de Funès, nie urządzał awantury. Cienki strop i dialog prowadzony Morse'em: na prowokacyjne bębnienie obcasów odpowiadały komunikaty wystukiwane kijem od szczotki.

W tamtym mieszkaniu poznałem wiele prawd o projektowaniu, designie i życiu. Na przykład, że wierność swoim upodobaniom estetycznym – niechęć do papuci, ciapów, cichobiegów i laczków – może nas narazić na poważny konflikt ze społeczeństwem.

* * *

Pod koniec życia ojciec pokochał plastikowe crocsy. Ktoś mu przywiózł z Izraela, jeszcze zanim kolorowe turbopapucie pojawiły się w każdej galerii handlowej. Ten bliskowschodni wynalazek zapewnił nam trwały pokój z sąsiadami (w czym można dostrzec pewien paradoks).

KOPALNIA

Przedszkole miało swój kalendarz liturgiczny. Najpierw przygotowania do Dnia Nauczyciela, potem do Dnia Górnika. Dalej Rocznica Wyzwolenia Warszawy i już Pani Wiosna zapraszała na pochód pierwszomajowy.

Z tego zestawu Barbórka (całkowicie świecka i pozbawiona odniesień do świętej patronki) była szczególnie atrakcyjna. Całymi dniami lepiliśmy pod opieką pani Uli górnicze kapelusze z czarnego kartonu. Rysowaliśmy węglem. Na ten czas czarny kolor był chwilowo dopuszczony do użytku, lecz miało to charakter wyjątku. Kiedy wiosną narysowałem czarnym tuszem laurkę na Dzień Matki, ściągnąłem na siebie poważne kłopoty, łącznie z groźbą interwencji psychologa.

– Antracyt! Czarne złoto! – skandowała pani – Wy! Do! By! Cie!

Biedni górnicy. Jeszcze mają swoje lobby, przywileje emerytalne i karczmy piwne. Raz w roku przebierają jakiegoś wicepremiera w mundur i zmuszają do udziału w chóralnym wykonaniu tradycyjnych przyśpiewek. Jednak przestali być bohaterami zbiorowej wyobraźni. Żaden pisarz już nie każe się pochować w górniczym uniformie. Nikt nie opowie przedszkolakom o czarnym złocie.

Szkoda, bo to było inspirujące. Pod wpływem wydobywczej indoktrynacji wykonałem na ścianie swojego pokoju fresk *Kopalnia* (technika: kredka świecowa na tynku). Czysty socrealizm. Szeroka panorama zakładu przemysłowego z mnóstwem kołowrotów i kominów. Czasy były przedekologiczne, a hasła „Dym z kominów to oddech Rosji Radzieckiej" nikt jeszcze nie odwołał. Trzeba zaznaczyć, że do industrialnej fantazji dodałem element dokumentalny: przy samej podłodze ciągnął się rząd furmanek. To chłopi czekali w kolejce po węgiel.

Oczywiście nim minął rok, fresk przestał mi się podobać. Kiedy poszedłem do szkoły, wprawiał mnie już w dzikie zakłopotanie. Zwłaszcza że etap się zmienił i propaganda sukcesu przeszła do historii. Najprostsze rozwiązanie – wziąć farbę i zamalować to świństwo – jakoś mi nie przyszło do głowy. Nie pamiętam, żebyśmy kiedykolwiek remontowali mieszkanie.

Za to pewnego dnia matka kupiła mi ścienną mapę Afryki z opisami po niemiecku. Dlaczego Afryki? Dlaczego po niemiecku? Bo takie rzucili w księgarni Uniwersus. W rezultacie jeszcze dziś potrafię wskazać, gdzie leżała Zentralafrikanische Republik. Służę pomocą, gdyby ktoś szukał rzeki Ebola. Całymi latami zasypiałem, patrząc w Herz der Finsternis.

Płynie z tego kilka wniosków. Kiedy prace sprzed roku nie zawstydzają swego autora, to znak, że artysta przestał się rozwijać. W ogóle lepiej nie otaczać się własnymi obrazami i projektami. Jak by to ujął Adrian Mole: „Nawet Rembrandt nie mieszkał w kaplicy Sykstyńskiej w Wenecji".

CIEPŁA WODA W SŁOJU

Wbrew temu, co dziś sugeruje marketing firmy – „coca-cola smak wolności" – napój produkowano i sprzedawano w Polsce już w latach siedemdziesiątych. Jakimś tajemniczym i nielegalnym sposobem mieliśmy w domu dwa puste słoje, w których przyjeżdżał koncentrat z Holandii.

Na białych zakrętkach widniało logo w zielonym kolorze. Słoje z wodą stały na kuchennym parapecie, na wypadek przerwy w dostawie wody. Oczywiście nikt nie pamiętał o wymianie zapasu. Miejsce było nasłonecznione, toteż po jakimś czasie woda zaczęła zmieniać kolor. Najpierw zmętniała i nabrała lekko zielonkawego odcienia. Potem pojawiły się w niej jakieś nitkowate i strzępiaste formy życia. Wreszcie gruby kożuch na powierzchni. Kto wie? Może gdybyśmy się stamtąd nie wyprowadzili, to jakieś stwory właśnie wychodziłyby na brzeg?

PÓŁKI

W końcu gdzieś to się zdarzy, ale na razie nie słyszałem, żeby ktoś zginął od ciosu wymierzonego e-bookiem. Natomiast śmierć pod lawiną papierowych książek była zupełnie realna. Codziennie zaglądała nam w oczy.

Ojciec sam zaprojektował półki. Projekt był perfekcyjny, a za ujawnione w toku użytkowania wady odpowiadał wyłącznie wykonawca, stolarz alkoholik. Nigdy faceta nie widziałem, ale deliryczne drżenie jego rąk udzieliło się całej konstrukcji. Przechowała dygot, jak muszla przechowuje szum oceanu.

Chwiejne rusztowanie uginało się pod ciężarem książek. Niektóre stały w dwóch rzędach. Część piętrzyła się w stosach. Usunięcie jednego tomu mogło spowodować – jak to się dziś mówi – masywną katastrofę.

Zdaje się, że zwornikiem całej konstrukcji był opasły pomarańczowy tom z grzbietem ozdobionym deseniem fioletowych plam. Musiało minąć mnóstwo lat, zanim odkryłem, że te ameby układają się w napis „Bajki". Nigdy ich nie przeczytałem. Ryzyko było zbyt duże.

Wiele razy słyszałem, jak matka tłumaczy: „Po przeprowadzce Piotrek ułożył je tylko na chwilę, żeby nie leżały na podłodze". Do zaplanowanych porządków nigdy nie doszło.

Wniosek – w sumie dość oczywisty – pierwsze wersje są najtrwalsze. A za porażki projektanta odpowiada nałóg wykonawcy.

ŚCIANA

Skoro o tym mowa, to przez nasz sufit biegł długi, wąski rowek.

„A w tym miejscu Piotrek planował ruchomą ścianę" – informowała matka, jeśli ktoś ją zapytał. Co zdarzało się dość często. Najwidoczniej goście lubili lustrować stropy.

Projekt z ruchomą ścianą nigdy nie został zrealizowany (być może wskutek pogłębiającej się choroby alkoholowej stolarza). Cóż, czego nie zrobisz od razu, nigdy nie będzie zrobione.

KOBYŁKA

Mieliśmy za to mnóstwo desek kreślarskich i całe stada drewnianych kobyłek. Dobrze nam służyły.

Zwłaszcza te najstarsze w kształcie litery A, trochę już rozchwierutane.

Jedną mam do dziś. Ponoć należała do Biura Odbudowy Stolicy, więc odpowiedzialność za obecny kształt Warszawy ciąży na jej grzbiecie. Musiała często przechodzić z rąk do rąk, o czym świadczą numery inwentarzowe i stemple zapomnianych instytucji. Niektóre cyfry wymalowano przez szablon. Inne wykaligrafowano na kawałku papieru. Ostatnie nabazgrano olejną farbą:

D. 25 - 861
C. PROZOR Gr VI / 420 Nr 655 1940
7p XIV 19
X - 509
L.O.R.

(Zresztą niewykluczone, że są to zaszyfrowane współrzędne miejsca ukrycia Bursztynowej Komnaty).

STÓŁ

„Z domu moich rodziców nic nie ocalało – słyszę z off-u głos matki, jej komentarze stały się częścią przedmiotów. – Zdążyli wybiec na ulicę i wtedy w kamienicę trafiła bomba. Tylko ten stolik przetrwał".

Stolik do kawy, jedyny krewny bezpowrotnie utraconych stołów, stał w dużym pokoju. Ojciec powiększył jego powierzchnię, kładąc na okrągłym blacie prostokątną deskę kreślarską. Nie był barbarzyńcą, więc nie przybił jej gwoździami. Ten system miał jedną wadę. Nasz stół okazał się terenem sejsmicznym. Wystarczyło, że ktoś mocniej oparł się o blat, a przeciwległy koniec unosił się w powietrze, filiżanki, talerze i sztućce ruszały na wroga i tortownica ze szwedzkim plackiem z jabłek (przepis „Ty i Ja", 1967) wymierzała karę za trzymanie łokci na stole.

Jednak mój ojciec był jak producenci samolotów. Kiedy dochodziło do katastrofy, zawsze twierdził, że technologia była OK. Zawinili ludzie.

WYBRALIŚMY DLA CIEBIE

Legendarne pismo „Ty i Ja" przestało się ukazywać w 1974 roku, ale jego poszarpane i zakurzone numery jeszcze długo leżały na naszej szafie. Nie całkiem kompletne, bo matka powycinała przepisy kulinarne. Poza tym było wszystko. Kadry z amerykańskich filmów, okładki Cieślewicza, wiersze Chlebnikowa, moda Grażyny Hasse, polska szkoła plakatu we wszystkich wcieleniach i wersjach. W tej paradzie atrakcji, gdzieś pod koniec, przycupnęła rubryka *Wybraliśmy dla Ciebie*. Jedna strona z szachownicą zdjęć i krótkimi opisami towarów dostępnych w polskich sklepach, głównie zresztą warszawskich.

Zdaje się, że kompletowanie tych rekomendacji było koszmarem. Po latach, już w nowym stuleciu, kiedy fenomen pisma został przypomniany współczesnym hipsterom i miłośnikom designu, redaktorka „Ty i Ja" opowiadała:

> No tak, to robiłyśmy kolejno, ja i inne dziennikarki, m.in. Felicja Uniechowska, Joanna Drac – bo

to było szalenie trudne i niewdzięczne, nieefektowne, te przedmioty były takie prząśne…

Rzeczywiście. Jeśli uważnie się wczytać, noty mają w sobie odcień dramatyzmu:

> Styczeń 1967:
> Kamionka o nazwie „bigośnica" – wiadomo więc, czemu ma służyć. Wykonana przez Sp. Pracy Przemysłu Artystycznego w Bolesławcu, kosztuje 60 zł. Sklepy Cepelia, PDT– Wola.
>
> Amatorzy staropolskiego miodu i oryginalnych butelek mogą powitać Nowy Rok „babunią", przeznaczoną co prawda dla Polaków spoza kraju. „Babunia", która pojawiła się w „Delikatesach" nie jest tania – 175,30 zł – ale w oryginale bardzo pokaźnych rozmiarów.
>
> Marzec 1971:
> Użyteczny drobiazg – rolka, ułatwiająca wyciskanie pasty z tubki do końca. Cena 5 zł, sklep rzemieślniczy w Warszawie przy ulicy Kruczej.
>
> Spodenki „tyrolskie" z zamszu, świetnie wykonane. Cena 350 zł. Sklep bułgarski przy ulicy Kruczej.
>
> Czerwiec 1972:
> Misterna ramka do fotografii wykonana ręcznie,

> ze srebra, import z Albanii. Cena 300 zł. Sklep z upominkami z krajów demokracji ludowej (...).
>
> Większość foteli w samochodach współczesnych pokryta jest skajem, który w lecie, po nagrzaniu staje się bardzo przykry dla użytkowników. Polecamy więc świetne pokrowce z miękkiej rogożyny, bardzo higieniczne, trwałe i nawet ładne, w cenie 160 zł sztuka. Sklep wikliniarski przy ulicy Kruczej w Warszawie.
>
> Niejeden urlop na wsi potrafi zepsuć plaga much. Dziś można jednak łatwo odsunąć ją od siebie, zabierając w urlopowym bagażu „Muchozol" (...).

* * *

Nawiasem mówiąc, zachwalany w 1967 roku „Miód Babuni" to legenda polskiego marketingu. Nazwę wymyśliła Agnieszka Osiecka, a butelkę zaprojektował designer Krzysztof Meisner. Po latach tak opisywał pracę nad opakowaniem:

> Wbrew poglądowi, iż nie należy niszczyć intymności seksu, uległem pokusie doświadczenia, jak kształty zaczerpnięte ze świata erotyki działają na podświadomość (...) Butelka składała się ze spłaszczonej półkuli, na której umieściliśmy nasz erotyczny obiekt doświadczalny.

Innymi słowy – flaszka miała długą szyjkę pokrytą szklanymi wypustkami. Autor opisuje swój projekt z wyraźną lubością, bo rzeczywiście efekt był perwersyjny. Nazwa wabiła Polonusów wspomnieniem poczciwej babci (oraz jej pszczółek), natomiast forma zdradzała zdecydowanie falliczny charakter.

Potem robiło się jeszcze dziwniej:

> Butelka „poszła" do produkcji. Najpierw w hucie szkła skrócono „doświadczalną" szyjkę o prawie dwa centymetry. Nie mówiąc o „freudowskim" dyshonorze, zepsuło to proporcje. Sitodruk zastąpiono papierowymi naklejkami z pionowymi kulfoniastymi literami, które miały imitować NIEMIECKI (?) gotyk (?). Później dyrektor spółdzielni zmienił złociste pszczele włoski na szare. (...) Nazwę przerobił na BABUNIA. Odtąd zamiast miodu babuni, piło się po prostu samą babunię.

W sumie emblematyczna historia dla polskiego wzornictwa. Jednak mimo wszystkich rozczarowań i wad pojawienie się erotyczno-patriotyczno-germańskiej babuni na rynku wewnętrznym było wydarzeniem wartym odnotowania w rubryce zakupowej. Ale jak głęboka musiała być desperacja, która zmusiła redaktorów do prezentowania puszki z muchozolem i tyrolskich gatek z Bułgarii? Nie wspominając o śrubie do wyciskania resztek pasty Neopomorin?

■ Kamionka o nazwie „bigośnica" — wiadomo więc czemu ma służyć. Wykonana przez Sp. Pracy Przemysłu A
sławcu, kosztuje 60 zł. Sklepy „Cepelia", PDT-Wola ■ Amatorzy staropolskiego miodu i oryginalnych butelek
Rok „Babunią", przeznaczoną co prawda dla Polaków spoza kraju. „Babunia", która pojawiła się w „Delikatesac
175,30 zł — ale w oryginale bardzo pokaźnych rozmiarów. ■ Ceramika węgierska ze sklepu „Budapeszt" w ce
Kiedyś bez trudu można było kupić podobne filiżanki do barszczu i bulionu rodzimej produkcji z porcelany. Czy
ukować? ■ Kilim rumuński, który może być dywanikiem przy łóżku. Cena zależnie od wielkości, przeciętnie
–380 zł. ■ Można zjeżdżać tymi saniami „na śledzia' i siedząc, gdyż oparcie jest ruchome. Cena 180 zł, produ
Ostrołęce. ■ Nareszcie ulepszone rękawice gumowe do prac kuchennych. W okresie wzmożonego zmywania na
adzą. Cena 19 zł, w Supersamie. ■ Płyn „Londy" ma skutecznie wysuszać tłuste włosy. Tak zapewnia dokładny
e dobre wyroby tej firmy można chyba spróbować. Import z NRD, cena buteleczki 15 zł.

YBRALIŚMY LA EBIE

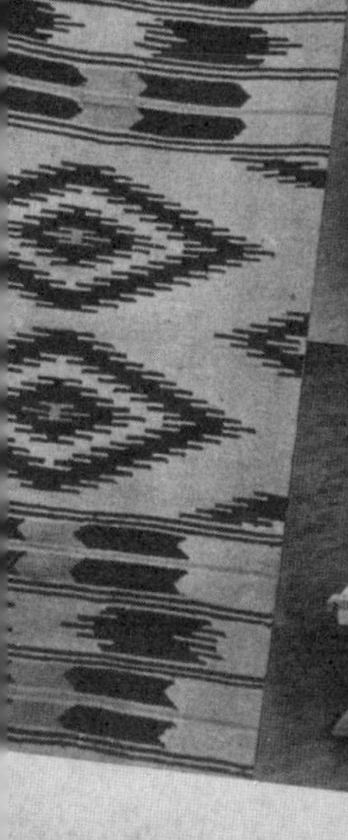

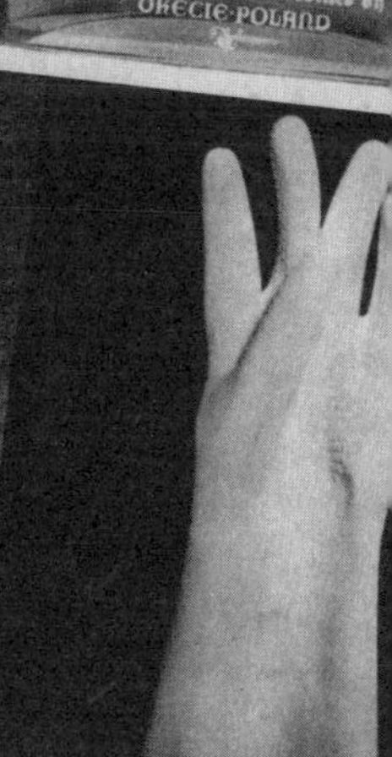

* * *

Dziś rubryki shoppingowe rozkwitają. Czytelnik pisma wnętrzarskiego ogląda zdjęcia czyjegoś domu w Toskanii (kot na terakocie, wyblakłe żaluzje, pan domu pracuje jako bankier, ale w wolnych chwilach lubi w rodzinnej tłoczni utoczyć trochę oliwy). Po sześciu kolumnach fotografii następuje strona z nagłówkiem „inspiracje w stylu rustykalnym": doniczka z Ikei, zestaw niedrogich mis i koniecznie „drewniana skrzynka z ludycznym wzorem" do nabycia w markecie budowlanym. Ludyczny – jak wiadomo – oznacza to samo, co ludowy, jednak brzmi bardziej elegancko.

Pokrewieństwo współczesnych propozycji z rubryką *Wybraliśmy dla Ciebie* jest odległe. W 1974 roku wiklinowe pokrowce do samochodu zachwalano, pisząc, że są „higieniczne, trwałe i nawet ładne". Sednem ówczesnych rekomendacji było słowo „nawet".

Nawet ładne. Nawet do zniesienia. Nawet do zaakceptowania. Przedmioty, które ratowała prostota. Staranność wykonania. Trochę porządniejszy materiał. Przydatność (jak „poszukiwany przez gospodynie nożyk do wycinania pestek z jabłka").

Na pięćdziesięciu kolumnach „Ty i Ja" przedstawiało światową kulturę, modę, design, wyznaczało pułap inteligenckich aspiracji i potrzeb. Na przedostatniej stronie redakcja rysowała nieprzekraczalną granicę estetycznego kompromisu, tę ostatnią linię obrony.

SENATORSKA

W najlepszym, a w każdym razie najbardziej uroczym polskim serialu przedmioty odgrywają kluczową rolę.

Wojna domowa to nasz odpowiednik *Mikołajka*. Krajowa opowieść o cudownych latach, epoce pierwszych dżinsów, pierwszych telewizorów, pierwszych samochodów. Wśród rekwizytów przeważają drobiazgi: scyzoryki i gitary, adaptery i przyrządy do drylowania wiśni. Lata sześćdziesiąte były czasem przedmiotów.

Zgodnie z tytułem, serial opowiada o konflikcie pokoleń, nieporozumieniach między opiekunami a dziećmi, ale jest przepojony czułością, uwielbieniem, zachwytem nad młodzieżą. Dziwaczne upodobania, fryzury i gusty muzyczne budzą irytację starszych i napędzają fabułę pozornym konfliktem. W istocie sprawiają, że dzieci są kochane jeszcze mocniej. Bo są powojenne. Powojenne jak moi rodzice.

Nie rozumieją starych? To tylko lepiej. Niech nie rozumieją. Są powojenne. Mają nie rozumieć. Wzruszać ramionami. Patrzeć przed siebie. Nic nie wiedzieć o zbrodniach, tragediach, rozpaczy, jakie widzieli starsi. Nie pytać. Albo pytać i nie słuchać odpowiedzi. Zadowalać się ogólnikami. Anegdotą.

To było najważniejsze zadanie. Największe wymaganie, jakie stawiali dziadkowie naszym rodzicom. Być czystą kartą. Zrealizować plan, jak w piosence Agnieszki Osieckiej:

> Dzieci urodzą się nowe nam
> I, spójrz, będą śmiać się, że my
> Znów wspominamy...

Biorąc to wszystko pod uwagę, nie, nie udało się.

* * *

Akcja serialu toczy się przy ulicy Senatorskiej 24. Wszystko wokół wydaje się nowe. Zwłaszcza blok zbudowany kilka lat wcześniej. Lekki, trzypiętrowy, ze sklepami na parterze i pasami balkonów wzdłuż elewacji. Drzewa jeszcze nie wyrosły, więc słońce zalewa skromne mieszkania.

Socmodernizm: obraz stabilizacji, prostoty i nawet jakiejś specyficznej elegancji.

To serce Warszawy lat sześćdziesiątych. Kilka domów dalej mieszkał Leszek Kołakowski (dziś jest tablica pamiątkowa). Fikcyjni bohaterowie mogli widzieć charakterystyczną sylwetkę. Wystarczy spojrzeć na daty, żeby dojść do wniosku, że w 1968 roku studiowali na uniwersytecie… Chociaż nie. Anula na uniwersytecie, a Paweł – na politechnice.

Ulica Senatorska zapraszała na przechadzkę szlakiem epoki, krótką wycieczkę pełną historycznych i symbolicznych odniesień, wśród odbudowanych pałaców i kościołów. Obok gigantycznego teatru i pierwszych bloków wstawionych w historyczne centrum. Jakieś sto metrów od domu Pawła i Anuli był plac Dzierżyńskiego. Pomnik Żelaznego Feliksa lustrował okolicę z cokołu ustawionego przed dawnym budynkiem giełdy.

I dziwnie pomyśleć, wystarczały trzy minuty, żeby trafić na miejsce, gdzie kiedyś stała Wielka Synagoga. Niemcy wysadzili ją 16 maja 1943 roku. To tylko dwadzieścia kilka lat wcześniej.

WORKI Z CEMENTEM (I LUFA OD SZAMPANA)

Miasto jest bezpłatnym elementarzem. Moje dzieci nauczyły się czytać na billboardach, sylabizując „My lubimy duży format" oraz „Tradycyjne polskie smaki". Poprzednie pokolenie też miało swoje czytanki. Wymieniam od najłatwiejszej:

- Neon „MORS" (pierwsza lekcja: nie czytać od końca).
- Zamalowane szyby z wydrapanym od środka napisem TNOMER (druga lekcja: czytać od końca).
- Barakowozy, na których pisano „Bra / k świa / teł stopu" (trzecia lekcja: poznać sztukę przenoszenia wyrazów).
- Beżowe manekiny z odłamanymi rękami i kartką „Towar z wystawy dostępny jest po zmianie ekspozycji" (egzamin z surrealizmu, odpowiednik dzisiejszego „sprawdzianu trzecioklasisty").

Dlaczego wszystko wyglądało tak potwornie brzydko? Pewnie dlatego, że zawsze były ważniejsze sprawy i pilniejsze potrzeby. Zawsze płonął jakiś las. Poza tym obowiązywała zasada salonu i zaplecza, a my z uporem patrzyliśmy w niewłaściwe miejsca. Przecież Starówka budziła podziw cudzoziemców, rósł Zamek Królewski, Dworzec Centralny i Huta Katowice, a inżynier Karwowski miał pełne ręce roboty.

* * *

Czasem gdzieś w pokrzywach mignie obły kształt. Gładka powierzchnia, gąbczasty przekrój. Odlew wypiętego brzucha. To pospolity widok mojego dzieciństwa: skamieniałe worki z cementem. Rosły pojedynczo lub całymi stadami. Występowały w okolicach placów budowy. Rozrzucenie pewnej ilości materiałów stanowiło deklarację intencji: kiedyś to zrobimy, zbudujemy, naprawimy. Tylko na razie jakoś nie wychodzi. Bo jesień, bo znów idą deszcze, bo zima za progiem...

Dlaczego nie mogli pakować tego cementu do nieprzemakalnych worków? Zapewne nie było folii. Dlaczego nie chowali go pod dachem lub plandeką? To pozostanie jedną z tajemnic XX wieku. Zresztą roboty i tak ustały z powodu – kto to wie? – braku papy, deficytu smoły lub nieobecności desek.

Taki to był świat. Pełen rzeczy zaczętych i nieskończonych. Porzuconych zamiarów i części. Otaczała nas skamieniała tymczasowość.

* * *

W 1975 roku Shigeo Fukuda zaprojektował plakat na rocznicę zakończenia wojny. Napis głosił „Victory 1945" (w późniejszych wersjach data zniknęła i zwycięstwo stało się uniwersalne).

Piktogram był prosty. Czarna lufa i odwrócony pocisk. Nabój wracający do lufy. Ostatnia salwa wycelowana w zwycięzców. Trochę jak u późnego Herberta, tylko zabawniej:

> Pocisk który wystrzeliłem
> z broni małokalibrowej
> wbrew prawom grawitacji
> obiegł kulę ziemską
> i trafił mnie w plecy (...)

Chyba że to był toast. Rysunkowa stop-klatka: korek od szampana zamrożony w powietrzu, niepewny, czy poleci w górę, czy wróci, by na zawsze zatkać lufę.

Można było w tym widzieć prostoduszny pacyfizm albo przewrotną satyrę: To „[j]ego najbardziej znany satyryczny plakat" – pisał „New York Times" i chyba nie bez racji: dlaczego Japończyk miałby świętować zwycięstwo aliantów?

Żółto-czarny plakat pokazywał absurdalność powojennej epoki. Wisieliśmy w powietrzu jak korek.

* * *

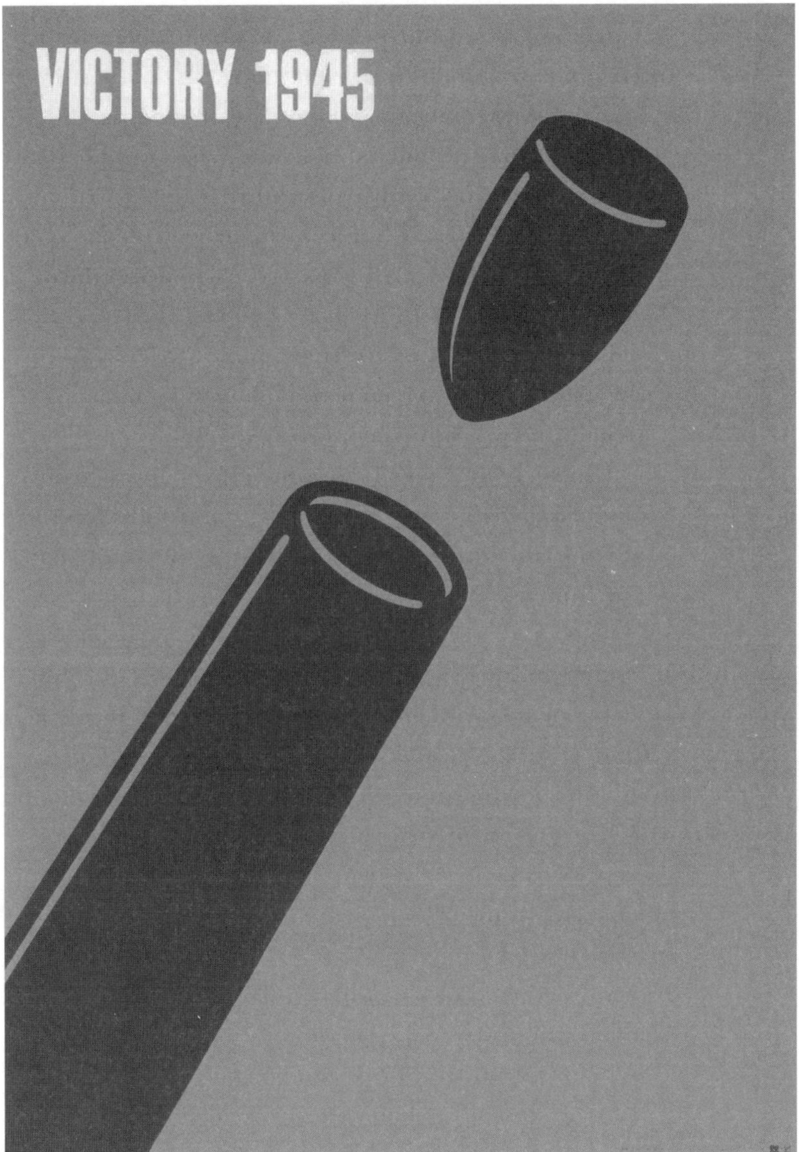
VICTORY 1945

Przeczytałem wykład rosyjskiego eksperta od obronności. Opowiadał, że już w latach trzydziestych radzieckie fabryki przystosowano do podjęcia produkcji zbrojeniowej. W każdej minucie były gotowe, by zamiast wózków, wypluwać karabiny i pociski.

> Bibułki do tytoniowych skrętów (do pojawienia się papierosów) oraz makarony produkowano w rozmiarze 7,62, po to, by maszyny stosowane do ich wytwarzania, na wypadek wojny, można było łatwo przestawić na produkcję gilz.
>
> Korki, jakimi zamykano butelki z „Sowietskim Szampanskim", [miały] taką samą średnicę co naboje armatek montowanych w samolotach bojowych.

Fukuda trafił w sam środek tarczy: szampan, którym mieszkańcy bloku wschodniego witali kolejne lata, miał kaliber lufy. Coś jednak pasowało: makaron do gilzy, mikser do karabinu, rzeka do mostu pontonowego.

Żyliśmy wśród transformersów. Traktory czekały na chwilę, gdy zamienią się w czołgi. Szpitale wyglądały pierwszych rannych. Nawet dworce budowano w taki sposób, żeby po nocnym bombardowaniu szybko usunąć gruz z torowisk. Zdaje się, że temu założeniu architektura kolejowa zawdzięczała swoją modernistyczną lekkość.

Byliśmy jak maskujące gałązki na hełmie (rankami w telewizji leciał program *Poligon*). A skoro żyliśmy w warunkach kruchego zawieszenia broni, to jakie znaczenie miały wzornictwo, kształt budzika czy kolor elewacji? Nie wspominając o paru workach z cementem.

* * *

W „Projekcie" z lat sześćdziesiątych – jedynym polskim piśmie tego rodzaju – można było zobaczyć reprodukcje plakatów, mnóstwo gobelinów i szkła artystycznego. Stefan Kisielewski pisał o zapisach muzycznych. Oskar Hansen przekonywał, że społeczeństwo należy skoszarować w wężowatym megamieście nazwanym Linearnym Systemem Ciągłym. Toczyły się też dyskusje na temat postępu technicznego i roli wzornictwa, w takim na przykład stylu:

> Inicjatywa podniesienia estetyki produkcji ceramiki przemysłowej spotyka się z coraz to przychylniejszą aprobatą zarówno producentów, jak i odbiorców.

Jeśli rzecz dotyczyła designu, na zdjęciach dominowały układy sterownicze obrabiarek, zespoły jezdne i komplety mebli biurowych. Elektryczny napęd domowej maszyny do szycia „Tur" wyglądał jak miniaturowa łódź podwodna. A o radzieckim walcu drogowym można było przeczytać:

Zasada Mies van der Rohe *less is more* zdaje się przyświecać tej koncepcji. Unikanie wszystkich zbędnych elementów pomogło w doprowadzeniu do minimum elementów funkcjonalnych.

W numerze z 1969 roku znalazłem listę nagród Prezesa Rady Ministrów. Oto niektóre z docenionych projektów:

- amatorski projektor filmowy „Pollux",
- lalka Renia,
- zwierzątka-liczmany z drewna,
- zegar elektryczny na baterie „Metron",
- opiekacz gazowy z rożnem,
- zestaw salaterek,
- zestaw butelek (ocet, sos „Kabul", olej silnikowy „Selektol").

Myślę, że to skromne wyliczenie przypomina, czym było wzornictwo. Skąd się brało nasze uczucie do przedmiotów. Lalka Renia dawała nadzieję, że jakoś umkniemy spod walca *less is more*. Projektor filmowy „Pollux" obiecywał: „jeszcze pożyjesz, jeszcze pokażesz dzieciom film z ceremonii zawarcia związku małżeńskiego i wczasów w Bułgarii". Nawet opiekacz gazowy był niczym ziele na kraterze – i to zanim, trzydzieści lat później, grillowanie stało się symbolem politycznej stabilizacji oraz obywatelskiej bierności.

Design był kluczem do dziś. Dowodem, że „teraz" ma jakąś wartość (i może nawet chwilę potrwa).

* * *

W liceum mieliśmy pracownię wojskową, pełną fascynujących eksponatów i plansz („strefa całkowitego zniszczenia, strefa częściowego zniszczenia, typy bomb"). Najwięcej radości dawał nam amerykański telefon polowy. Sądząc z tabliczek, przypłynął do Murmańska jako sojusznicza pomoc dla Armii Czerwonej, potem odsłużył swoje w Ludowym Wojsku Polskim, by po demobilizacji stać się pomocą dydaktyczną.

Podczas przerw próbowaliśmy uruchomić aparat, kręcąc korbą prądnicy. Sukces był połowiczny. Nie udało się dodzwonić do sztabu, za to kolega Damian otrzymał serię elektrowstrząsów. Później przeczytałem, że tortury za pomocą telefonu należały do stałego repertuaru amerykańskiej armii.

Jednak, pomijając przypadkowy sukces w dziedzinie łamania praw człowieka, uczyliśmy się dość kiepsko.

Nie żeby to miało jakieś znaczenie. Instruktorzy przysposobienia obronnego byli tradycyjnym obiektem żartów, ulubionymi bohaterami folkloru studenckiego i uczniowskiego, a nasz nauczyciel świetnie pasował do schematu: rzucony na pożarcie safanduła w pogniecionym garniturze. Wchodził do klasy, rozglądał się niepewnie, wyciągał ze skajowej teczki notatki i dyktował do zeszytu:

– Podwójny, prawda tutaj, sygnał ciągły oznacza, prawda tutaj, skażenie chemiczne z kierunku północno-prawda-południowego…

Na wiosnę 1990 roku spotkaliśmy go po raz ostatni. Chciałbym powiedzieć, że towarzyszyło nam wzruszenie czy choćby cień litości. Nic z tego. Właśnie wychodziliśmy na wolność. Czekały nas studia, potem posady i nieskończone możliwości w cudownym nowym świecie. Pan od PO nie miał tam wstępu.

Wpisał wszystkim piątki. Potem spojrzał po twarzach i chyba poczuł, że musi jakoś podsumować wspólne lata.

– Wiele to was, prawda tutaj, nie nauczyłem, ale wojny już raczej nie będzie. Prawda tutaj.

To dziwne. Miałem wielu dobrych i mądrych nauczycieli, w każdym razie lepszych i mądrzejszych. Nawet nie pamiętam, jak się nazywał, ale to właśnie jemu uwierzyłem bez zastrzeżeń i przez dwadzieścia pięć lat powtarzałem:

– Wojny już raczej nie będzie. Prawda tutaj.

SMYCZ

Pamiętam zachwyt ojca, kiedy ktoś nam przysłał zagraniczne witaminy z zamknięciem odpornym na dzieci. Wszystkim pokazywał plastikowy flakonik.

– Wprawdzie to tylko witaminy – tłumaczył – ale nawet przedawkowanie witamin może być niebezpieczne!

Przez chwilę obracał nakrętką na dowód, że żaden dzieciak nie zdoła jej pokonać. Potem naciskał w odpowiednim miejscu i – *voilà*! – opór ustępował. Zadowolony z udanej sztuczki wysypywał na rękę kilka tabletek. Potem wrzucał je z powrotem i zamykał opakowanie. Mnie się nie udawało (szczerze mówiąc, nawet dzisiaj nie potrafię sforsować takiej blokady).

Prezentacja miała sens polityczny. Pozwalała na prostym przykładzie dowieść wyższości kapitalizmu nad tym trudnym do nazwania czymś, co nas otaczało. W naszym świecie – podkreślał ojciec – wystarczyłoby napisać „chroń przed dziećmi" i udać się do ważniejszych zadań. Ewentualnie rozdać w ośrodkach zdrowia milion ulotek o strasznych skutkach nadmiernego spożycia witaminy C. Albo umieścić stosowne hasło na pudełkach zapałek. Wydać broszurę „Strzeż dzieci przed witaminą". Napiętnować niefrasobliwość rodziców. Właśnie do takich zadań Polska miała armię plakacistów.

Tymczasem za żelazną kurtyną ludzie też zostawiali na wierzchu flakoniki z lekami. Tam też zdarzały się roztargnione matki oraz nieodpowiedzialni ojcowie. Jednak najwyraźniej nie próbowano ich zmieniać. Ktoś uznał niezmienność ludzkiej natury, a potem poświęcił trochę czasu, by znaleźć rozwiązanie: nakrętkę tylko dla dorosłych.

Właśnie tym był design, przynajmniej w oczach mojego ojca. Światem, który dostosował się do użytkownika. Zamiast wyginać człowiekowi kręgosłup i przyciskać mu głowę do piersi, przestrzegając „Uwaga, niski sufit" (czarno-żółte paski i tabliczka „Pamiętaj o kasku"), design obiecywał tolerancję, a w każdym razie – wyrozumiałość.

* * *

Ja też miałem swój ulubiony przedmiot: plastikowe jojo. Zielone z granatowym środkiem. Dzisiaj lepsze prezenty wkładają do jajek z niespodzianką. Sznurek ciągle się plątał, szpulka wykonywała kilka nerwowych podrygów, po czym zamierała. Czasami udawało się wprawić zabawkę w rytmiczny ruch i szybko robiło się nudno. Mimo to przechowywałem jojo jak skarb. Trochę ze względu na jego piękne zagraniczne kolory oraz napis *Made in Japan*. Przede wszystkim ze zdumienia, że ktoś stworzył tak piękny i elegancki przedmiot absolutnie po nic. Sądząc z malunków na greckich wazach, ludzkość od ponad dwóch tysięcy lat lat znała ten sposób marnowania czasu. Jednak prawdziwą popularność jojo zdobyło w latach wielkiego kryzysu i podobnie jak kryzys, przywędrowało do nas z Ameryki. W 1932 Adam Aston nagrał fokstrota pod tytułem *Czy pani umie grać już w jo-jo?*

Gdy raz spróbujesz tej najnowszej manii,
piękna pani, będzie także pasją twoją
jo-jo, jo-jo, jo-jo, jo-jo.

Jo-jo, czy pani umie grać już w jo-jo?
Jeżeli nie, to cię nauczę chętnie,
bo namiętnie uprawiam jo-jo,
najnowszą grę.

Krążek w górę, krążek na dół i licz.
To jest lepsze niż wyścigi i brydż.

Trzeba jednak podkreślić, że żaden ekspert nie tłumaczył, że jojo wyrabia mięśnie albo doskonali refleks. Zapobiega chorobom przyzębia lub odświeża oddech. Bezsensowność tej zabawki nie szukała pretekstów ani wytłumaczeń.

W jakiejś powojennej książce jojo zdefiniowano jako bezmyślną zabawkę, za pomocą której burżuazja ogłupiała klasy pracujące. Zresztą już w 1934 roku lewicowy poeta Edward Szymański napisał drapieżny wiersz:

Każdy, kto nie ma zajęć
skutkiem zastoju, redukcji,
gratis i franko dostaje
jo-jo krajowej produkcji

choćby się kryzys pogłębiał,
rozszerzał i tysiąckrotniał –
po miastach, po zagłębiach
nie będzie już bezrobotnych.

(...)
W dół, w górę,
w dół... w górę...
Rozkręcać sznurek, skręcać sznurek.
Tylko mieć czucie w dłoni,
tylko mieć w palcach dryg.
Nikt ci nie broni –
tylko
stłum krzyk!

W dalszej części utworu mowa o głodzie, przemocy, a także sądzie doraźnym i szubienicy („pociągnąć, założyć na hak. Jo-jo! Tak"). Szkoda, że nikt nie ułożył do tego melodii.

Moda na jojo miała w XX wieku swoje wzloty i upadki. Minęła razem z poprzednim stuleciem, chyba już na zawsze. Albo i nie. Nigdy nie wiadomo.

Ale i tak jojo zwyciężyło. Od lat już nie słyszałem, żeby jakaś zabawka była bezmyślna. Kolejne fale paniki ogarniają współczesnych rodziców. Że gry komputerowe zachęcają do przemocy. Że kolorowe bransoletki z gumek trują i promieniują. Nawet o kotku Hello Kitty napisano, że powstał za sprawą szatana. Jednak wśród wszystkich przestróg i oskarżeń nikt nie zarzuca zabawkom bezmyślności.

* * *

W drugiej połowie lat osiemdziesiątych wydarzyło się coś niezwykłego. Ojciec pojechał z wycieczką architektów do Niemiec Zachodnich. Kto wyjeżdżał za granicę, wioząc dozwoloną garstkę marek i jeszcze sto nielegalnych, musiał się dobrze zastanowić, co tam kupi. Następna okazja mogła się nie zdarzyć. Nie mieliśmy pojęcia, że dobre czasy są tuż za progiem. Przyjdą całkiem niedługo, jeszcze zanim minie moda na zegarki elektroniczne.

Ojciec wrócił po tygodniu pełen wrażeń. Przywiózł walkmana, zegarek „Casio" oraz zieloną smycz. Piękny i absurdalny gadżet, regulowany postronek, który, zależnie od sytuacji, pozwalał psu biegać po trawniku lub trzymał drania blisko przy nodze. Wysuwana smycz, realizująca hasło „każdemu według potrzeb" – to symbol troski i zrozumienia. Wcielenie designu.

Niestety, mechanizm trochę się zacinał. Na dodatek nasz pies, erotoman i niewdzięcznik, nie potrafił docenić oferowanego zakresu swobody. Im dłuższa była smycz, tym bardziej się wyrywał, potwierdzając znaną opinię de Tocqueville'a na temat rewolucji. Najgorsze, że kiedy jamnik biegał w kółko, zielona taśma zamieniała się w ruchomą pułapkę, pętała kostki i kosiła zaskoczonych przechodniów.

Ojciec miał straszny żal do psa, że bojkotuje takie sprytne urządzenie. Pamiętam awanturę, która wybuchła, kiedy przedmiot został ostatecznie zniszczony, w wyniku wspólnej akcji dwojga sabotażystów – babci i psa (zabrała go na spacer, bo tak smutno patrzył).

* * *

Błędem jak zawsze byliśmy my. Czynnik ludzki oraz czynnik psi. Niesforni użytkownicy, którzy nie czytają instrukcji i nie rozumieją najprostszych rysunkowych schematów. Barbarzyńcy, którzy szarpią się z uchwytami, urywają klamki, łamią, niszczą i wyginają, zawsze skłonni do użycia nadmiernej siły i nie dość inteligentni, by odgadnąć intencje projektanta.

Do dzisiaj czuję się winny, ilekroć zdemoluję pudełko płatków, chociaż producent wyraźnie zaznaczył *Hier öffnen*.

RAPIDOGRAFY

Nostalgia to jedno. Myślę, że mamy poważniejszy problem. Kiedyś, żeby zrobić rysunek, naszkicować projekt, trzeba było pokonać opór materii. Podporządkować sobie świat, choćby tylko w obrębie kartki. Pękający grafit, występującą z brzegów akwarelę, rozlewający się tusz.

Słowo design i *disegno* (czyli rysunek) mają wspólne korzenie. Właściwie jeden łaciński korzeń. Projektować to zaznaczać. Projektowanie zaczyna się w momencie, kiedy pomysł staje się przedmiotem. Śladem na kawałku papieru, strzępem serwetki, makietą.

Idea zapisana w komputerze pozostaje myślą. Przechowujemy ją na dysku i opóźniamy konfrontację z materialnym światem. Jesteśmy nadopiekuńczymi rodzicami pomysłów.

A później otaczają nas przedmioty i budynki stworzone przez abstrakcjonistów. Trójwymiarowe wizualizacje. Obiekty tworzone wbrew realności. Nawet zbudowane wydają się sztuczne. Nierealne i bezcielesne, jak hologramy ustawione w centrum miasta.

* * *

Chciałbym wspomnieć kapryśne narzędzia mojego ojca. Przykładnicę, długą linijkę, która jeździła po szynach ze sznurka. Ołówki z grafitem cienkim jak włos. Kupowało się te grafity w komisie, w małych beżowych pudełkach, z napisem *Made in Japan*. Triumf precyzji z kraju Godzilli.

Najważniejsze były rapidografy. Z wiśniowego plastiku, zakończone srebrną igłą, która mogła ukłuć i – jak mnie ostrzegano – zostawić ślad na całe życie. Wtedy sądziłem, że to bardzo długo.

Aż dziwne, że firma Rotring nie przerzuciła się na produkcję przyrządów do tatuażu. Jednak na Niemcach można polegać, nie zmienili profilu produkcji. Nadal sprzedają rapidografy, a największym ustępstwem na rzecz współczesności jest ołówek hybrydowy z miękką końcówką do rysowania po wszelkich rodzajach tabletów.

* * *

Kiedy przyszło mi likwidować pracownię ojca, pozbyłem się plotera. Kiedyś drogiego, teraz wartego mniej niż blacha, z której go zrobiono. Firma „Eko-cośtam" (utylizacja elektrośmieci) odebrała sprzęt i cisnęła do ciężarówki. W zamian dostałem stosowne zaświadczenie.

Bezużyteczne rapidografy zatrzymałem. Zajmują mniej miejsca i jest w nich jeszcze kropla zaschniętego tuszu.

FLAMASTRY

– Proszę pana – powiedziałem żałosnym głosem, wskazując rysunek na piasku. – Tak sobie właśnie wyobrażam mój dom... Balustrada przy werandzie będzie wycinana we wzór z szyszek. To znaczy, o ile pan mi zechce pożyczyć laubzegę...

Poczułem okropne zażenowanie.

Drogi czytelniku, zrozum mnie! Myśl o budowie domu tak mocno zawładnęła mną, że naprawdę wierzyłem, że go zbudowałem!

Tove Jansson, *Pamiętniki tatusia Muminka*

Murarz domy budował, krawiec szył ubrania, nieświęci lepili garnki, a podczas cepeliady można było zobaczyć, jak twórca ludowy wycina kogutki z drewna. Ale co robił architekt?

Chodził do biura. Do biurewka – mówił pieszczotliwie. Albo do arbajtu (skutek obowiązkowych lektur Nałkowskiej i Borowskiego). Biuro to była poważna socjalistyczna instytucja. Z kartą zegarową odbijaną co rano, naganą za spóźnienia, premiami za zasługi.

Ojciec często zabierał robotę do domu, więc przywykłem do widoku mętno-przezroczystych kalek, z krawędziami oklejonymi lamówką. Poznałem różnicę między rzutem i przekrojem. Wiedziałem, co to elewacja, jedyny w miarę zrozumiały z tych schematów.

Kiedyś zdarzyło się nawet, że ojciec pożyczył ode mnie flamastry i starannie kolorował jakieś elementy ślusarki. Wsporniki daszku. Wyobrażałem sobie, że pewnego dnia nieznajomi ludzie będą chodzić po mitycznym Ursynowie i podziwiać zielono-czerwony daszek namalowany moimi flamastrami.

Żeby szkice i rysunki zamieniły się w prawdziwy dom, musiały minąć lata. Długie lata, zwłaszcza jeśli porównać je z moim ówczesnym wiekiem. Z czasem zaczynałem rozumieć, że – inaczej niż w przypadku krawca i murarza – dziełem mojego ojca jest wyłącznie pomysł. Coś niematerialnego. Taki zawód.

* * *

Najgorsze, że kiedy wreszcie udało się coś zrealizować, czekały nas kolejne rozczarowania. Osoba autora rozmywała się w pojęciu „zespołu" (na dodatek – przez cholerne W – zawsze trafiała na sam koniec listy).

Poza tym okazywało się, że w naturze wszystko jest nie takie. Za niskie. Za wysokie. W innym kolorze. Z innego materiału. Czegoś zabrakło. Na czymś zaoszczędzono. Winę ponosił wykonawca (krewny stolarza nałogowca). Zapadła mi w pamięć historia o bloku, który wskutek ogólnego pijaństwa zbudowano w lustrzanym odbiciu, niczym scenerię do drugiego tomu przygód Alicji lub bramę do antyświata.

* * *

I zawsze był to tylko fragment, margines, skrawek. Zamiast całej pierzei – jeden sterczący ząb. Blokowisko bez centrum. Puste pole w miejscu, gdzie miały stanąć sklepy i kawiarnie.

Żyliśmy we fragmencie większej całości. W pierwszym tomie przerwanego cyklu. Z czasem odkryłem, że miasto przypomina nasze mieszkanie. Jest pełne dobrych intencji i zarzuconych pomysłów.

Kiedyś ojciec pokazał mi gmach stojący pod dziwnym kątem, ukośnie, jakby postanowił zbojkotować kąt prosty i przebieg ulic.

– Miał stać przy alei Piłsudskiego – wyjaśnił.

Domy ustawiały się wzdłuż linii niezabudowanych ulic. Psy biegały w miejscu, gdzie pół wieku wcześniej, już prawie, prawie, wzniesiono Świątynię Opatrzności. Mieszkaliśmy wśród czasowników niedokonanych. W próżni pomiędzy założeniem i realizacją.

* * *

Najzabawniejsze, że te daszki w końcu zbudowali. Po wielu latach, ale zawsze. Wsporniki były czerwone i zielone, otaczały cały dom jak stercząca obroża. Często je widywałem i za każdym razem przypominały mi się flamastry, deska kreślarska, lampa.

Po latach straciły kolor, zardzewiały i wreszcie je zdemontowano. Wkrótce też znalazł się deweloper chętny zbudować w tym miejscu coś większego i bardziej dochodowego niż dom kultury.

Ojciec już nie żył. Mieszkańcy trochę protestowali... Kolega po fachu oświadczył w gazecie, że architektury domu kultury nie broni, bo budynek jest lichy.

– To pierwszy projekt Piotra Wichy, miał mało czasu, marne możliwości materiałowe i techniczne – powiedział.

ZAMKI HISZPAŃSKIE

Słownik języka polskiego PWN podaje:

> DESIGNER [wym. dizajner] projektant przedmiotów użytkowych.

Wcześniej, żeby poznać znaczenie tego słowa, trzeba było sięgnąć do *Dokładnego słownika polsko-angielskiego i angielsko-polskiego* Aleksandra Chodźki „czerpanego z najlepszych źródeł krajowych i obcych", który tłumaczył w 1929 roku:

> DESIGN (...) cel, zamiar, zamysł.
> DESIGNER (...) rysownik, malarz; obmyślający coś, knujący plany.

Malarz knujący plany. Bardzo mi się podoba takie określenie.

* * *

Sześciotomowy słownik Lindego ukazywał się w latach 1808–1815. DESIGNERA oczywiście w nim nie ma. Za to jest KNOWACZ, czyli taki, co knuje. Być może to powinno być określenie naszej profesji?

* * *

Słowo PROJEKT w znaczeniu „szkic, zarys, plan, model, ogólne kontury jakiejś rzeczy, proponowane do wykonania" pojawia się w Słowniku warszawskim z roku 1900. Dla pełnej jasności dodano następujące zdanie: „na konkurs budowy gmachu niewiele przysłano projektów".

PROJEKT można:

- mieć,
- roić,
- snuć,
- podać,
- wykonać,
- przeprowadzić,
- doprowadzić do skutku,
- zamienić w czyn.

Taka sekwencja czasowników układa się w scenariusz całkiem optymistycznej historii. Jednak optymizm szybko ginie, gdy słownik podaje przykładowe zdanie. Brzmi ono, jak następuje:

> Największą część życia człowiek trwa na układaniu projektów, a nabudowawszy zamków hiszpańskich,

> zaledwie na schyłku dni swoich przyjdzie do posesji biednej chaty, gdzie mógłby spocząć.

Gdyby nie wystarczyło takiej przestrogi, czytamy jeszcze oskarżycielskie:

> Żądza twoja w projektach się gubi.

oraz melancholijne:

> Różne mu w myśli projekta się snuły.

* * *

Słownik wileński z 1861 roku jest bardziej lakoniczny. PROJEKT określa jako „zamiar i zamysł", a potem wylicza:

> Mieć projekt, być w projekcie zrobienia czego. To dopiero w projekcie. Na projektach czas trawić.

W tej sytuacji nie dziwi ostrzeżenie zawarte w definicji słowa PROJEKCISTA:

> Nie jeden wietrznikom i projekcistom uwierzywszy, swoje stracił.

Zresztą tę samą myśl znajdziemy także w słowniku Lindego. Podobnie jak wzmiankę o gubiącej się żądzy oraz posępne zdanie o zamkach hiszpańskich i biednej chacie, tyle, że zapisane z pomocą wielkiey liczby ygreków: „przyydzie do possessyi biednej chaty" itd.

* * *

Z nadejściem nowoczesności przywykliśmy oddzielać pomysł od wykonania. Stworzyliśmy profesję wymyślacza. W zamiarze ujrzeliśmy suwerenne dzieło. Niestety, projektantom na określenie ich zajęcia dostało się słowo z drugiej ręki. Stare, używane, obciążone ładunkiem przygnębiających konotacji.

A może tak jest dobrze? Każdy, kto postanowi zająć się designem, może sięgnąć do Lindego i przeczytać:

> Proiekciści czcze płody imaginacyi swoiéy podaią za rzeczy łatwe.

* * *

Jak mówił Woody Allen: jeśli chcesz rozśmieszyć pana Boga, opowiedz mu o swoich projektach.

(Albo jakoś podobnie).

SKALA LUDZKA

Dwie wskazówki wycelowane w ziemię. Na nich solidny trapez – rozszerzający się ku górze (mężczyzna) lub ku dołowi (kobieta). Ręce opuszczone wzdłuż ciała, czasami trzymały torbę albo walizeczkę.

Jeszcze bezcenny kapitel głowy. To było najfajniejsze: żadna szyja nie mocowała jej do ciała. Głowa wisiała w powietrzu jak balon z helem. Czasami odfruwała. We wczesnym dzieciństwie nabrałem przekonania, że logo Warszawskiego Biennale Plakatu, czerwona kropka w grubej ramie, to czyjaś głowa, która uwolniła się od właściciela i samotnie wędruje po świecie.

Czasami ludzik prowadził psa na smyczy (figlarz był z mojego ojca). Psi łeb zawsze trzymał się tułowia.

Na rysunkach ojca najbardziej lubiłem skale ludzkie. Pojawiały się na samym końcu, kiedy wszystko już było wykreślone. Rozbiegały się po kalce. Dreptały pojedynczo lub przystawały pogrążone w rozmowie. W ich swobodzie było coś wymuszonego: nigdy, ale to nigdy, nie zasłaniały istotnych elementów projektu.

* * *

Z czasem doszedłem do wniosku, że na projektach zawsze trwa wrzesień albo początek października. Popołudnie. Najlepsza pora roku i najlepsza pora dnia. Rodzice wrócili już z pracy. Obiady zostały zjedzone. Lekcje odrobione. Przyszła pora: „Czy mogę wyjść na rower?". Pora: „Wyprowadź psa" oraz „Co słychać, sąsiedzie".

Krył się w tym pewien paradoks modernistycznej urbanistyki. Moderniści, ze swoim Le Corbusierem i Kartą Ateńską, rozebrali miasto na kawałki, a potem składali je na nowo. Wyznaczyli strefy i funkcje. Tu praca, tam odpoczynek i sen. Tu centrum administracyjne, tam fabryka, a na przedmieściach – mieszkania, tysiące mieszkań wśród zieleni. Wszystko połączone drogami, po których mieli mknąć szczęśliwi robotnicy w swoich samochodach.

Wyszło, jak wyszło. Rankami osiedla mieszkaniowe pustoszały. Skale ludzkie jechały do pracy, upchnięte w autobusie. Wieczorami między blokami hulał wiatr, a zmęczone skale siedziały przed telewizorem.

Tylko na rysunkach zawsze było popołudnie. Czas odpoczynku i zabawy.

Taka odrobina *wishful thinking*. W sumie drobiazg, jeśli pomyśleć o dzisiejszych komputerowych wizualizacjach, gdzie wszystko tonie w zieleni, ludzie wyglądają jak gwiazdy filmowe i afrykańskie słońce odbija się w szklanych elewacjach.

LEGO GUTENBERGA

Dla Andrei i Stephanie
z zestawu „Domek na plaży"

Nie dostałem się na Akademię, więc słuchałem wszystkich grafików, którzy chcieli mi coś opowiedzieć. Znajomy typograf i projektant książek wysłał mnie do drukarni, gdzie jeszcze składano z metalowych czcionek. Sam rzadko już tam bywał – zaczęła się epoka *desktop publishing* – ale na widok kaszt wpadał w uniesienie:

– Wiesz, co jest najlepsze w typografii? – pytał. – Że wszystko do wszystkiego pasuje. Można przenieść każdą literę i ustawić w dowolnym miejscu. Od tego zaczęła się normalizacja. Przedtem był tylko chaos. Aż przyszedł Gutenberg i wymyślił ruchome czcionki. Rozumiesz? To dzięki niemu żarówki pasują do lamp, nakrętki do słoików, opony do kół. To drukarze zaczęli porządkować świat.

Było w tych słowach dużo uzurpacji. Porządkowanie chaosu należy do prerogatyw Boga i Komisji Europejskiej, ale i tak przemówienie wygłoszone wśród szuflad z czcionkami zapadło mi w pamięć. Uwierzyłem, że na tym polega zadanie designerów: na robieniu porządków.

* * *

„Projekt jest jak Lego". Przy prezentowaniu nowego layoutu, makiety lub logo, zawsze kiedy pojawiały się moduły, siatki, stałe elementy – dostrzegałem szansę, by użyć ulubionego zdania. W kluczowym momencie tłumaczyłem klientowi: „Projekt jest jak Lego".

Dość szybko odkryłem, że moi rozmówcy nie lubią porządku. Nikogo nie interesuje porządkowanie świata i opowieści o formalnej dyscyplinie. Za to wszyscy kochają klocki. Lego okazało się idealną metaforą nieopresyjnego ładu.

* * *

Mój tata też lubił klocki Lego. Zwłaszcza podstawowe elementy: prostokątne ósemki z dwoma rzędami guzików, kwadratowe czwórki. Żółte i czerwone, czarne i białe cegiełki. Lubił też cienkie listwy i platformy, z których robiło się stropy. Zielone trawniki. Akceptował okienka w czerwonych ramach. Za to spokojnie mógł się obyć bez drapiących zielonych drzewek (kulistych i stożkowatych).

– W Lego – mówił – wszystko do wszystkiego pasuje.

W PRL setki razy kopiowano te klocki. Do sklepów trafiały brudnoszare produkty socjalistycznego przemysłu, ale krajowe klocki zawsze siedziały zbyt luźno albo zbyt ściśle. Sczepiały się na wieki lub natychmiast rozsypywały na kawałki.

Za to prawdziwe Lego spełniało marzenie o świecie zaprojektowanym, racjonalnym, zbudowanym z identycznych modułów.

Ten fantastyczny świat miał swojego idealnego mieszkańca. Właściwie dwójkę: bezimiennego Adama i równie bezimienną Ewę. Mężczyznę można było rozpoznać po płaskodennej czapce z daszkiem. Dla kobiet przewidziano peruczki z plastikowymi warkoczykami sterczącymi na boki.

Bez twarzy, wolni od jakiejkolwiek ekspresji, wyprężeni na baczność nie zajmowali się niczym szczególnym. Po prostu trwali, plastikowe wcielenie skali ludzkiej.

* * *

W latach trzydziestych Gerd Arntz wymyślił system piktogramów do obrazowania danych statystycznych. Arntz był socjalistą, obywatelem czerwonego Wiednia, a później emigrantem politycznym w Holandii. Na początku lat trzydziestych przez chwilę pracował w Moskwie, co spopularyzowało metody wizualnej statystyki w naszej części Europy.

Strasznie lubiłem wykresy tworzone przez naśladowców Arntza. Nieważne, czego dotyczyły, dostępności szczepień, liczby izb mieszkalnych, poziomu wykształcenia, urlopów, wakacji czy ubezpieczeń społecznych... Schemat był ten sam. Pierwszy obrazek przedstawiał garstkę postaci w kapelusikach lub czapkach. Kilku całych obywateli i jakiś biedak przycięty drzwiami (skrupulatny rysownik uwzględniał ułamki). To przed wojną. Potem przerwa, chwila ciszy z podpisem „brak danych", wyzwolenie i już można było podziwiać, jak z każdym rokiem wydłużają się szeregi wypoczętych, zaszczepionych, beneficjentów bezpłatnej edukacji... Jak przybywa baryłek ropy. Wagoników z węglem. Kłosów zboża, ziaren kakao, pralek i samochodzików.

Pracowity Arntz zostawił archiwum zawierające setki piktogramów. Są tam statystyczni naziści ze swastykami, statystyczni bolszewicy w budionnówkach. Statystyczne rodziny przy posiłku. Statystyczni ojcowie z gazetą. Sprzedawcy. Rolnicy. Dyrektorzy dyktujący tekst statystycznym sekretarkom (kloszowe sukienki, wąskie talie, blok do stenografii w ręku). Wszystkie te jednokolorowe postaci są pozbawione rysów twarzy. Z szerokich ramion wyrastają im czarne lub białe owale. Czasami ujęte w ramę włosów, rzemyka od hełmu albo po prostu w czarny kontur. Niekiedy zaopatrzone w usta. Kreskę wąsów. Z rzadka ujęte z profilu.

* * *

Początkowo ludziki Lego były trójwymiarową wersją takich uniwersalnych postaci. Nogi razem. Ręce przy ciele. Żółty baniak głowy. Konstruktywista w pozycji na baczność, niczym wieśniak z wczesnych obrazów Malewicza.

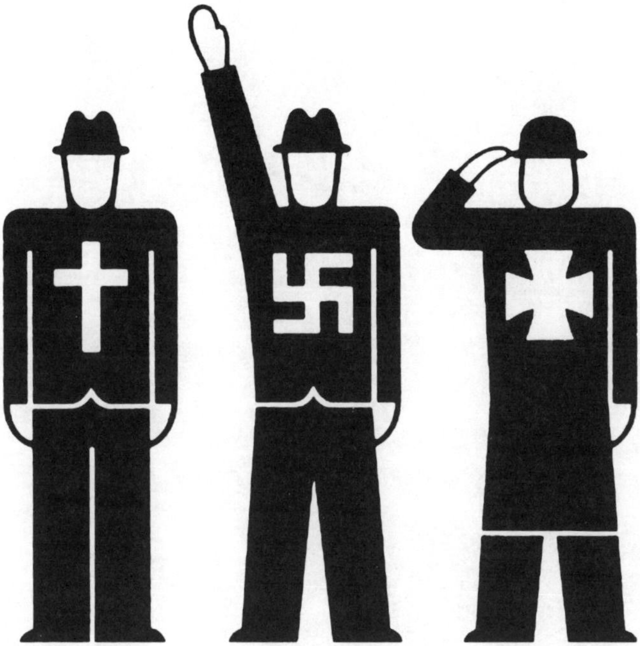

W 1978 roku Lego wprowadziło nowy typ figurek. Pamiętam zdumienie, gdy je zobaczyłem po raz pierwszy (jakoś po stanie wojennym). Miały ruchome nogi i ruchome ręce. Z rękawów wyrastały chwytne żółte łapki. No i namalowano im twarze: dwie kropki i uśmiechnięty nawias.

To zmieniło wszystko. Ludzik nie był już zdyscyplinowanym robotnikiem, gotowym stanąć w dowolnym miejscu konstrukcji społecznej. W zabawie zaczęła się epoka specjalizacji. Żółte twarze uśmiechały się spod czapki policjanta lub hełmu strażaka. Do wyboru był jeszcze kask kosmonauty lub rycerski szyszak z plastikowym pióropuszem sterczącym na czubku.

Kosmonauci byli świetni. W latach osiemdziesiątych podbój kosmosu trafiał jeszcze do wyobraźni. Wahadłowce woziły na orbitę amerykańskie teleskopy i satelity. Rosjanie budowali rakiety i stacje kosmiczne… W następnej dekadzie wszystko to miało się już tylko starzeć, rozpadać i niszczeć.

Rycerze mieli konie, miecze i lance. A także małe miecze z szarego plastiku. Mój ojciec – ortodoksyjny pacyfista – oburzał się, widząc, jak sprytnie firma Lego weszła w świat zabawek militarnych. Dawniej, żeby zbudować czołg, trzeba było przerobić spychacz lub wywrotkę. Teraz średniowieczne narzędzia do zabijania znalazły się w gotowych zestawach. A wkrótce także arkebuzy, armaty i miecze świetlne.

W 1989 roku pojawił się pirat z opaską na oku i zarostem. Usta kobiet nabrały czerwieni. Z czarnej kreski zamieniły się w czerwoną plamę jak odcisk pocałunku lub logo Rolling Stonesów. Twarze przestały być jaskrawożółte, nabrały bardziej naturalnych odcieni. W sprzedaży pojawił się pierwszy bohater znany z imienia i nazwiska: niejaki Johnny Thunder, duński odpowiednik Indiany Jonesa. W piaskowym ubraniu, z kapelusikiem i biczem, upodobnił się do Harrisona Forda tak bardzo, jak tylko można bez naruszania prawa patentowego.

W 1999 roku firma poszła krok dalej. Kupiła licencję i wypuściła na rynek maleńkiego Luke'a Skywalkera z *Gwiezdnych wojen*. Wkrótce świat Lego zaludniły cyborgi, roboty, wojownicy Jedi. Nie wspominając o Jar Jar Binksie.

Najwięcej sympatii miałem do pilotów rebelii. Ubrani w pomarańczowe kombinezony wyglądali jak pracownicy zakładu oczyszczania miasta. Wspomnienie innego świata, zamieszkanego przez kucharzy, pracowników stacji benzynowych i strażaków.

* * *

W 1996 roku Zbigniew Libera wystawił swoje Lego Auschwitz. Na pudełku znajdował się napis „This work of Zbigniew Libera has been sponsored by Lego". Weseli strażnicy (z zestawu „Posterunek") prowadzili kolumny szkieletów (z zestawu „Piraci"). Były baraki, plac apelowy, płot pod napięciem.

W designie, w architekturze, w układaniu rzeczywistości, w porządkowaniu świata ukryło się coś niepokojącego. Bohaterowie grafik Arntza z pustym miejscem zamiast twarzy, uśmiechnięte figurki z plastiku – to oni byli idealnymi mieszkańcami faszystowskiego czy komunistycznego państwa.

* * *

Gdy upadł mur berliński, w świecie Lego zapanował indywidualizm.

Uniwersalny robotnik został zastąpiony przez gwiazdę filmową. Mnożyli się gitarzyści rockowi. Mutanci. Superbohaterowie. Uczniowie Hogwartu. Dementorzy. Statystyczny obywatel dostał rysy bohatera reklam i komiksów.

To była lekcja kapitalizmu: możesz być, kim chcesz. A chcesz być celebrytą lub postacią z serialu.

Reklama objaśniała: „Stephanie i jej przyjaciółki spędzają czas w domku na plaży. Wybierz się z Andreą do baru z sokami w Heartlake na pyszne napoje!". (W zestawie blender i kasa fiskalna!)

* * *

Temu procesowi towarzyszył drugi, rozpoczęty wraz z pojawieniem się konia, katapulty i karety do przewozu rycerzy. Klasyczne cegiełki odgrywały coraz mniejszą rolę. W kolejnych zestawach przybywało specjalistycznych elementów, których przeznaczenie określono raz na zawsze. Ścigacz rebelii, Gwiazda

Śmierci, tropikalna wyspa z palmą i barem wymagały coraz mniej składania. Dla przyzwoitości producent zostawiał możliwość ostatecznego montażu. Połączenia kilku prefabrykowanych części.

Dla równowagi stworzono serię Technic, przeznaczoną dla przyszłych inżynierów NASA, oraz ascetyczną kolekcję Architecture z możliwością zbudowania Villi Savoye Le Corbusiera.

Jednak główny nurt został nieodwracalnie skażony. Dno osiągnięto, wprowadzając serię z księżniczkami Disneya. A potem jeszcze Lego Friends.

Tego nie można wybaczyć.

* * *

Zdumiewające, że całą tę historię, ewolucję od zabawki konstrukcyjnej do kolekcji filmowych gadżetów, ponurą opowieść o swojej zdradzie i upadku – firma zamieniła w szczere złoto, wypuszczając w 2014 roku film pod tytułem *Lego Przygoda*.

Głównym bohaterem jest plastikowy ludzik w pomarańczowym ubranku, tyrający na budowie przeciętniak, na dodatek obarczony słowiańskim nazwiskiem. Każdego ranka Emmet Brickowski wyrusza do pracy, nieświadom nadchodzącej katastrofy. Tymczasem demoniczny prezes Biznes postanawia skleić wszystkie klocki. Raz na zawsze zafiksować domy. Unieruchomić postaci. Zamrozić świat w jednym kształcie, całkowicie zgodnym z instrukcją dołączaną do pudełek.

Emmet Brickowski staje do walki, mając za towarzyszy grupę figurek zwanych architektami, takich jak Batman, Superman, Superwoman itd. Przewodnikiem i duchowym opiekunem całej kompanii jest niejaki (a jakże) Witruwiusz.

Scenariusz sprawia wrażenie ułożonego przez dziesięciolatka, który obsadził w głównych rolach wszystkich swoich ulubionych bohaterów: Superman spotyka różowego kotka-jednorożca, Gandalf macha kosturem, a Sokół Millenium zabiera na pokład Batmana.

Pochwała nieskrępowanej dziecięcej fantazji została utkana wyłącznie z pożyczonych wątków. Odegrana przez filmowych i komiksowych bohaterów.

Na tym polega współczesne Lego. Klockami są fragmenty opowieści, kawałki gier i filmów. Postępuje normalizacja świata wyobraźni. Wszystko pasuje do wszystkiego.

JEEP

W szufladzie z ołówkami, którą po kryjomu przeszukiwałem, ojciec trzymał maleńkiego jeepa. Zielony samochód z białą gwiazdą na masce. W zasadzie żaden z nas nie cenił plastikowych samochodów. Woleliśmy solidne metalowe auta z fabryki Lesneya. Najchętniej te z końca lat sześćdziesiątych, zanim jeszcze wprowadzono resory i pojawiła się nazwa „resoraki". Ale jeep stanowił wyjątek. Większość takich skarbów ojciec dawno mi oddał. Tego nie i fakt, że zabawka nie należała do mnie, czynił ją szczególnie fascynującą. Właściwie określenie „zabawka" nie miało zastosowania.

– To model. Ma bardzo delikatne części – na wszelki wypadek podkreślał ojciec.

Pamiętam każdą z tych delikatnych części. Boczne lusterka. Dodatkowy reflektor wielkości kleszcza. Cienką antenę od radiostacji polowej. Kanister na benzynę przytwierdzony z tyłu.

Wszystkie zdradliwe elementy, które czekały, żeby się złamać przy najlżejszym dotknięciu. Jeszcze dzisiaj, kiedy widzę gdzieś willysa MB, mam wrażenie, że to wyjątkowo kruchy i nietrwały przedmiot.

* * *

Uwielbiałem wtedy książkę *Auto-architektura*, napisaną przez Krzysztofa Meisnera.

Były tam czarno-białe zdjęcia, oszczędne rysunki i kwieciste opisy. Niektóre fragmenty nadal robią wrażenie (na ten przykład o austinie A40, angielskiej mgle i „wykwintnym kontraście małego migacza"). W rozdziale *Instynkt rozumienia* przeczytałem następujący fragment dotyczący czasów drugiej wojny:

> Amerykanie nad podziw prędko potrafili odłożyć marzenia o dreamcarach na po wojnie, zrezygnować z ogoniastych limuzyn i w ciągu krótkiego czasu rozpoczęli produkcję samochodów – skrzynek dających się ustawiać we wnętrzach statków w sposób szczególnie ekonomiczny.

Obok zamieszczono rysunkowy przekrój okrętu. Kadłub wypełniało sześćdziesiąt prostokątnych karoserii, „samochodów-skrzynek" płynących do Europy, żeby uratować świat.

Nie mogłem oderwać oczu od tego rysunku. Przypominał zagadkę z prostym, ale niespodziewanym rozwiązaniem. Układankę dla bystrzaków. Jaki kształt powinien mieć ołówek, żeby się nie turlać po blacie? Jak upchnąć najwięcej ciężarówek w ładowni? Jak uratować świat?

Najwyraźniej Amerykanie zwyciężyli nie dlatego, że byli bardziej bohaterscy. Nie dlatego, że Bóg stał po ich stronie. Nie dlatego, że mieli historyczną rację oraz więcej ludzi, surowców i sprzętu. Zwyciężyli, bo lepiej wypadli w testach na inteligencję.

Jeep stanowił dowód, że tamtą wojnę, która zostawiła ciągle jeszcze widoczne ślady na domach oraz – czego jeszcze nie rozumiałem – na naszym życiu, że tamtą wojnę wygrał rozum. I design.

Jasne, to tylko złudzenie. Równie dobrze w szufladzie można trzymać model volkswagena 82 kübelwagen (wzór 1940).

* * *

Wojna przyniosła triumf funkcjonalnego designu. Oczyściła wzornictwo. Najwyraźniej, kiedy przychodzi do wzajemnego wyrzynania, ludzie robią się racjonalni. Funkcjonalność zwycięża. Projektant i krytyk, surowy Victor Papanek napisał:

> W czołgu Sherman „łatwomatyczna" zmiana biegów czy „automagiczne" ładowanie pocisków byłoby niestosowne. (...) Konieczność uczciwego projektowania (czyli projektowania dla użytkowników w przeciwieństwie do projektowania w celu sprzedaży) wymusiła zdrowszą dyscyplinę niż ta, którą narzuca rynek.

* * *

W 1942 roku producent wojskowych ciężarówek zamówił folder reklamowy. Tekst napisał Bill Bernbach, ten sam, który dwadzieścia lat później miał zasłynąć reklamami Volkswagena. Opracowaniem graficznym zajął się Paul Rand. Książeczka nosiła tytuł *Mechaniczne muły zwycięstwa*. Wyglądała jak instrukcja obsługi lub dziennik pokładowy.

Zielona tłoczona okładka. Kartki połączone za pomocą metalowej sprężyny. Wystukane na maszynie teksty (dzisiaj krój American Typewriter należy do kolekcji banałów, ale siedemdziesiąt lat temu jego surowość musiała robić wrażenie). Środek był kolażem zdjęć, słów i figur geometrycznych. Rand użył tylko dwóch kolorów. Czarny i żółty występowały obok siebie lub łączyły się w brudną zieleń, armijny kolor khaki.

W ten sposób awangardowa grafika brała odwet na nazistach. Za palenie książek, za rozpędzenie Bauhausu, za wymuszoną emigrację i zastąpienie Futury gotykiem. Po dojściu Hitlera do władzy, nowa typografia zbiegła do Ameryki. Teraz wracała na czołgach. A już na pewno na ciężarówkach firmy AutoCar.

Inna rzecz, że nowoczesne projektowanie okazało się tylko chwilowym towarzyszem broni. Nieistotnym sojusznikiem, którego wyproszą z defilady zwycięstwa. „My żeśmy to wymyślili” – miał zawołać naiwny Picasso na widok okrętu w wojennym kamuflażu.

* * *

Na początku lat dziewięćdziesiątych wyprzedawano w Warszawie resztki po jakimś londyńskim antykwariacie. Stemple na książkach układały się w niewesołą historię. Najpierw oznaczenia polowych bibliotek II Korpusu, potem świetlice kompanii wartowniczych w Niemczech, wreszcie przekreślona pieczątka jakiegoś koła weteranów w Edynburgu czy Londynie.

Kupiłem plik magazynów „National Geographic" z pierwszej połowy lat czterdziestych. Było tam trochę reportaży z egzotycznych krain (nieliczne egzotyczne piersi podtrzymywały tradycję pisma), ale większość stron wypełniały relacje z teatrów działań wojennych. Na starannie dobranych zdjęciach konwoje morskie płynęły do Murmańska. Sojusznicy toczyli walki na Krymie. Chińskie dzieci pozdrawiały amerykańskich żołnierzy. Admirał Nimitz pomykał w jeepie. Jeep i osiołki na Sycylii. Florencja wolna. Jeep. Bruksela znów się uśmiecha. Jeep. Kawiarnie. Paryżanki. Jeep.

Były też reklamy. Wielkie koncerny zapewniały o swoim wkładzie w produkcję zbrojeniową, przedstawiając zdjęcia hal fabrycznych, sprzętu i kobiet w kombinezonach roboczych.

W ogłoszeniach Boeinga samoloty wyglądały jak rzeźby. Przedstawiano je w locie lub na taśmie produkcyjnej, często koncentrując się na detalu. Opona, fragment podwozia, statecznik pionowy (copywriter dowcipnie podpisał go „drapacz chmur").

W miarę wyzwalania kolejnych terenów Coca-Cola rozwijała swoją kampanię „The American Way". Malowniczo rozwalone domy, brzeg morza z sylwetką okrętu. Żołnierz podaje butelkę małej dziewczynce. Matka (krzyżyk, dzbanek na głowie) patrzy z rozrzewnieniem na tę scenę. Na masce jeepa przysiadł szeregowiec z gitarą.

Nieco później zaś, w numerze z marca 1945 roku, pojawiła się reklama Forda. Przedstawiała szklaną kulę; w niej kilku facetów w cywilnych ubraniach spoglądało na coś ze zdumieniem i podziwem (obiekt podziwu znajdował się poza kadrem). „W twojej przyszłości jest Ford" – głosił podpis. Drobnym drukiem opisano, jak delikatnie będzie pracował motor. Potem dodano kilka zdań o subtelnym stylu nadwozia, przyjemności jazdy, komforcie wnętrza. Na koniec wyjaśnienie: dzisiaj Ford oddaje wszystkie siły dla zwycięstwa, ale gdy tylko dostanie zielone światło, ruszy z produkcją cywilną.

Kolejne reklamy z tej serii ujawniały więcej szczegółów. Zachwycona rodzina (rodzice z dzieckiem i siwowłosą babcią) spoglądała miłośnie na mały fragment przedniego błotnika. Żołnierz z dziewczyną nieśli kosz piknikowy, a zza żywopłotu wyłaniał się kawałek nadwozia. Wreszcie nadszedł dzień, gdy wszystkie postaci zniknęły, a szklaną kulę wypełnił nowy model – Ford 1946.

W istocie był to model 1942, którego produkcję przerwała wojna. Teraz wrócił. Wraz z nim wszystkie obłości. Przerośnięte błotniki. Chromowane zderzaki, lusterka, reflektory. Nadchodził pokój. Samochodom znów rosły skrzydła i ogony.

Komfort oznaczał zapomnienie.

* * *

Być może największą wadą funkcjonalnego designu jest jego uczciwość. Oddzielanie rzeczy ważnych i błahych może być formą okrucieństwa. Po co zmuszać ludzi do patrzenia na rzeczy pozbawione upiększeń, na podwozia, armatury, szkielety. Przecież i tak wiemy, że są. Albo się domyślamy i chcemy zapomnieć.

Zabłocony jeep gdzieś na Sycylii i ford spod igły aerografu – dwa obrazki przypominają, że design służy także do ukrywania prawdy.

APARAT
Z POKRĘTŁEM

We wspomnieniu o Jerzym Sołtanie jego współpracownik, Krzysztof Meisner, zanotował:

> Zaprojektowałem kiedyś dla WZFO aparat fotograficzny – najtańszy. Aby sprawić radość tym, których nie stać na nic droższego, rozbudowałem pudło do maksimum, zaś elementom obsługi nadałem pozory bardzo skomplikowanych i ważnych. Sołtan skrytykował mnie, że jest to nieuczciwe, że to kłamstwo.

Obie opinie i obaj rozmówcy zasługują na uwagę.

Jerzy Sołtan był świetnym artystą, jednym z najlepszych powojennych architektów. Niestety, niełatwo już się o tym dziś przekonać: nieliczne warszawskie realizacje zniszczono na początku lat dziewięćdziesiątych. Przepadły wnętrza Dworca Śródmieście. Bar Wenecja został przerobiony na obskurny osiedlowy pawilon. Inwestorzy zabudowali tereny klubu sportowego Warszawianka, kiedyś niesamowitej kompozycji budownictwa, krajobrazu i malarstwa. Cóż, właśnie trwała transformacja ustrojowa. Kampanie w obronie zabytków nowoczesności zaczęły się dopiero w XXI wieku. Inna rzecz, że i tak nie zawsze okazują się skuteczne.

Sołtan studiował przed wojną, w 1939 roku jako podporucznik rezerwy poszedł na front. Trafił do niemieckiego obozu jenieckiego. Podczas pobytu w Murnau nawiązał korespondencję z Le Corbusierem („Kriegsgefangenenpost – to Twój dom, numer, ulica"). Natychmiast po wyzwoleniu wyjechał do Paryża, gdzie przez kilka lat pracował pod kierunkiem mistrza. W 1948 roku wrócił do Polski, gdzie właśnie zaczynał się socrealizm, czas kandelabrów, stalinowskiego rokoko, narodowej formy i socjalistycznej treści. Modernista Sołtan podjął pracę na Akademii Sztuk Pięknych. Zebrał architektów, malarzy, konstruktorów i grafików, tworząc ośrodek, z którego wyszły najciekawsze polskie projekty tamtych czasów. W połowie lat sześćdziesiątych wyjechał do Ameryki, gdzie został wykładowcą Harvardu, objął katedrę szykowaną ponoć dla samego Le Corbusiera.

Historia Sołtana odznacza się przygnębiającą symetrią. Zbyt wybitny, żeby całkiem zniknąć, i zbyt pryncypialny, żeby wtopić się w główny nurt. W Polsce i w Ameryce zajmował się przede wszystkim dydaktyką. W socjalizmie zbudował niewiele, a kapitalizm zniszczył nawet te nieliczne realizacje. Zostało trochę rysunków, zdjęć, tekstów. Projekty pomników i pawilonów wystawowych oraz film biograficzny zatytułowany *Człowiek, który Polski nie zbudował*.

* * *

Drugi rozmówca jeździł po świecie, ale nie zdecydował się na emigrację. Przeżył burzliwe życie krajowego projektanta form przemysłowych. Pełne wzlotów, upadków, nieuchronnych kompromisów i rozczarowań. Wśród niezrealizowanych projektów Meisnera jest między innymi małolitrażowy samochód „Beskid". Opis tego pojazdu łatwo znaleźć w rejestrze ciekawostek z dziejów rodzimej motoryzacji, wyprzedzających swój czas pomysłów pogrzebanych przez biurokratów i historię. Na sąsiednich półkach drzemią deprymujące pamiątki tamtych czasów: prototyp syreny sport, światowa kariera Czesława Niemena, komputery inżyniera Karpińskiego, Nobel dla Jarosława Iwaszkiewicza.

W 2014 roku na pośmiertnej wystawie można było obejrzeć architektoniczne wizje Meisnera – kuratorzy rozwinęli szkice kosmicznych miast i wiosek unoszonych przez sterowce. Wniosek: w komunizmie koncepcja samochodu dla robotników okazała się równie utopijna jak miasto zawieszone w chmurach.

* * *

Na warszawskiej ASP powstały dwa projekty dla Warszawskich Zakładów Fotooptycznych (oba autorstwa Krzysztofa Meisnera i Olgierda Rutkowskiego).

Najpierw nowa, ostatecznie niezrealizowana, wersja taniego aparatu „Druh", przeznaczonego, jak wskazywała nazwa, dla wesołego zastępu fotopstryków.

Drugi model, bardziej skomplikowany, otrzymał nazwę Alfa. Pionowy kształt upodabniał go do klasycznego rolleiflexa, przy okazji zachęcając do pionowego kadrowania zdjęć. Metalowy korpus był dość ciężki. Jednak kolorowe wykończenia – różowe, zielone, niebieskie lub żółte – nadały mu trochę dziecinny wygląd. Przypominał zabawkową kuchenkę, telefon lub kasę. Z boku sterczało ogromne pokrętło (najwyraźniej metafora przykręcania i odkręcania śruby była w socjalizmie bardzo żywa). Przedmiot powiadał:

– Wszyscy mamy pod górę. Musimy sobie pomagać. Cieszmy się tym, co jest.

Było w tym coś ujmującego, choć pobrzmiewał także irytujący protekcjonalizm:

– Pobawcie się, robaczki. Pokręćcie sobie śrubką. Przez chwilę możecie udawać Richarda Avedona. Być Wojciechem Plewińskim i fotografować kociaki na okładkę „Przekroju" (oczywiście w pionowym kadrze).

Perswazja działała nie tylko na rynku wewnętrznym. Model „Alfa" zebrał komplementy w zagranicznej prasie, a część z piętnastu tysięcy wyprodukowanych egzemplarzy trafiła na eksport.

* * *

Rozmowa Sołtana i Meisnera musiała się toczyć na początku lat sześćdziesiątych. W tle miała niedawny socrealizm. W ironicznym wierszu Herberta (opublikowanym w 1957 roku) artystów porównano do ornamentatorów:

Pochwaleni niech będą ornamentatorzy
ozdabiacze i sztukatorzy
twórcy aniołków fruwających

W puencie czytamy o sztukatorach, którzy malują mur więzienny i…

nawet plecy tych co siedzą z tamtej strony
[na różowo

W utworze jest też mowa o amorkach i girlandach, wstążkach i kompozycjach muzycznych. Klasycyzm klasycyzmem, ale w głosie poety słychać furię godną Adolfa Loosa: ornament jest zbrodnią. A w każdym razie współudziałem w zbrodni, zacieraniem śladów przestępstwa.

* * *

Czy istnieją białe kłamstwa projektantów? Jak kamienice Starego Miasta czy Mariensztatu, odbudowany rynek w Kazimierzu. Domy z dziecięcej książki. Dekoracje, które zapewniają przechodniów: „Wszystko będzie dobrze. Już jest dobrze. Będziecie teraz szczęśliwi

niczym bohaterowie *Przygody na Mariensztacie*. Tylko róbcie, co trzeba. My zajmiemy się resztą".
Jak w piosence o Żoliborzu, napisanej w 1950 roku:

> gdy przyjdzie wieczór, świecą światła elektryczne
> i tak mi dobrze, jakbym miała osiem lat.

Sztuczne oświetlenie... Sztuczność, która pozwala uciec od realizmu, cofnąć się do wieku dziecięcego. Czy raczej pewnego wyobrażenia o dzieciństwie, fałszywego, ale hołubionego przez dorosłych. Dzieciństwie, które oferuje bezpieczeństwo. Pozwala nie wiedzieć, nie rozumieć, nie zwracać uwagi (dorośli wszystkim się zajmą).

Kilka lat później, w odwilżowym poemacie Ważyka, podmiot liryczny miał już dość kinderbalu:

> Piją wodę morską,
> wołają –
> lemoniada!
> Wracają do domu cichaczem
> rzygać,
> rzygać.

* * *

W sporze o pokrętła Jerzy Sołtan domagał się, żeby fotoamatora, właściciela aparatu, traktować poważnie, jak dorosłego. Pokazywać mu rzeczy, jakimi są.

Sołtanem nie kierowała bezwzględność, lecz nadzieja. Awangardowy optymizm wobec przedmiotów i świata. Nie jest tak źle, żeby trzeba nas było bujać. Możemy spojrzeć rzeczywistości w oczy. Choćby to było pojedyncze oko aparatu „Druh" lub „Alfa".

* * *

Stare sprawy. Ostatecznie Meisner chciał tylko pokręcić śrubką do ustawiania ostrości. Oszukiwanie jest jednym z wiecznych zadań architektury i designu. Pierwsze samochody przypominały dorożkę (koń wziął dzień wolnego, jutro na pewno znów będzie). Pierwszy telewizor przywarował w drewnianej skrzynce i udawał kredens.

Wzruszamy dziś ramionami na ten widok, ale bez zdziwienia przyjmujemy identyczne zjawisko, gdy dotyczy komputerowego interfejsu. To skeumorfizm – odtwarzanie dawnego kształtu, naśladowanie starych materiałów w nowej technologii i otoczeniu.

Wszystkie te guziczki i przyciski, w które klikamy. E-booki udające papier. Koperty oznaczające e-mail. Elektroniczne teczki, skrzynki, kosze na śmieci. Piktogramy, na których telefony wciąż zasłaniają się okrągłą tarczą. Stempelki, kałamarze, pędzelki. Porozumiewamy się z maszyną za pomocą dawnych kształtów. Archaiczne formy mają nas uspokoić.

– Wszystko jest po staremu. To nadal wasz świat, możecie się w nim odnaleźć. Tylko róbcie, co trzeba. My zajmiemy się resztą.

Alfa-2

* * *

Dziś zapewne usłyszelibyśmy, że aparaty „Druh" i „Alfa" są przyjazne. Zresztą w pamiątkowej księdze warszawskiej ASP *Powinność i bunt* właśnie tak napisano:

> Alfa sprawiała wrażenie przyjaznej i mało skomplikowanej w obsłudze.

Od kilkunastu lat spotykam to określenie w opisach różnych produktów i projektów i nadal nie przestaje mnie zdumiewać. Nie mówimy już, że przedmiot jest wygodny, funkcjonalny i ładny. Sugerując, że coś jest „przyjazne", odwracamy porządek rzeczy. Kiedyś człowiek lubił swoje przedmioty i narzędzia. Teraz to przedmiot może obdarzyć nas życzliwością. Albo chociaż tolerować. Nie utrudniać nam życia ponad miarę. To samo dotyczy instytucji, miejsc, czynności:

- Przyjazne miasto.
- Przyjazne państwo.
- Przyjazny hotel.
- Przyjazne biuro rachunkowe.
- Przyjazne zakupy.

A do tego słoneczne uśmiechy z każdego centymetra ekranu. Jakbyśmy błagali matrycę ciekłokrystaliczną, żeby zaszczyciła nas uśmiechem.

– Polub mnie, polub! Albo chociaż udawaj, że mnie lubisz.

* * *

Design musi być uczciwy – powiadał Sołtan. To samo głosił Dieter Rams, projektant Brauna. Wspominając jego słowa, mamy przed oczami solidne i kosztowne produkty gospodarstwa domowego. Radia, adaptery, słuchawki. Świadome własnej wartości i dość pewne siebie, żeby już nic nie udawać.

Gra w szczerość bywa fajna, kiedy dotyczy solidnych wartościowych przedmiotów. Domu w willowej dzielnicy. Stadionu lekkoatletycznego. Bieżni. Basenów. Przestaje być przyjemna, gdy dotyczy osiedla sypialni, szpitala, obozu.

* * *

Jeden z projektantów obozu Auschwitz Birkenau był absolwentem Bauhausu, Hogwartu dwudziestowiecznej architektury.

Facet spędzał czas w przestronnych i fantastycznie oświetlonych salach wykładowych, które znamy z tysięcy fotografii. Siadał na meblach z giętych rur. W Bauhausowskiej stołówce jadał z kwadratowych talerzy. Pilnie wykonywał studenckie projekty. Poznawał teorie nowoczesnej urbanistyki. Zastosował je później, planując rozmieszczenie baraków oraz obiektów, które oznaczył na planach jako „prysznice specjalnego przeznaczenia".

W 1972 roku miał nawet proces, ale wiedeński sąd go uniewinnił (co za zaskoczenie).

* * *

Kiedy design zaczyna być z nami szczery, to znaczy, że świat położył już na nas krzyżyk. Nie chce już nas przekonywać. Nie wierzy w naszą siłę nabywczą. Nie potrzebuje naszych głosów. Naszych sumień czy umysłów. To się nazywa brutalizm, prawda? Moment, gdy zaczynamy się bać.

* * *

Szpital, w którym leży moja matka, przypomina blokowisko. Ciągle błądzę. Na korytarzach pomiędzy oddziałami powstały małe targowiska. Sklepy i stragany. Bankomaty i maszyny z kawą. Podłoga jest szara. Szare drzwi. Zapach środków odkażających.

– Witaj, pacjencie. Numer statystyczny twojej choroby nie wróży nic dobrego, jednak wykonamy stosowne procedury w ramach zakontraktowanych środków.

Najbardziej ludzki akcent w tym otoczeniu to kartka z napisem „Winda nieczynna". Wisi na klamce. Ktoś narysował litery długopisem, „E" ma kształt odwróconej trójki.

ŚWIERZY

Zawsze, kiedy mam napisać ten przymiotnik, zamieram nad klawiaturą. Pamiętam, że ojciec zrobił w tym słowie błąd na próbnej maturze. Chwila wahania, a potem widzę kolorowe kleksy.

Na plakacie do jakiejś wystawy Świerzy wymalował swój autoportret. Całą pierś miał w kolorowych rozbryzganych plamach. Co stanowiło czytelne odwołanie do jego dynamicznego stylu i równie czytelną aluzję do pozłoconej piersi Leonida Breżniewa. Świeża pietruszka – żet z kropką. Krople i plamy, Waldemar Świerzy – er zet. Kryzys mija.

* * *

Lubiłem go najbardziej ze wszystkich. Nie bawił się w łamigłówki. Nie interesowały go intelektualne rebusy. Był efekciarzem. Kuglarzem, który potrafił zrobić wrażenie. Szedł po swoje. Szast-prast. Tu przeprócha, tam plaśnięcie pędzlem, jakieś bliki i już Fernandel uśmiechał się jak żywy. Najlepiej mu wychodzili trębacze jazzowi (czarne twarze i fajerwerki trąbek). Jimi Hendrix też był niezły.

Szczególnie lubiłem obwoluty czarnej serii PIW-u. Wymalował na nich dziesiątki małych plakatów. Inna rzecz, że nie tracił czasu na czytanie książek, które ilustrował. Profesora Pnina obdarzył siwą czupryną wraz z kompletem bokobrodów i krzaczastych brwi. Było to lekko zaskakujące, zważywszy że w drugim zdaniu powieści czytamy o śniadej czaszce i szylkretowych okularach, kryjących „brak brwi typowy dla niemowląt". Najzabawniejsze, że niewierna okładka Świerzego jest lepsza od amerykańskiej. Mimo że w 1957 roku Milton Glaser pracował pod ścisłym nadzorem samego Nabokova.

* * *

Świerzy tak szybko machał pędzlem, że nikt i nic nie mogło za nim nadążyć. Jego obrazki były tak przekonujące, że trudno było się spierać o szczegóły. Poza tym był lojalny wobec swoich obiektów, absolutnie prostolinijny.

Kiedy w 1966 roku Henryk Tomaszewski malował Beatlesów (na majową okładkę „Ty i Ja"), zaprosił do współpracy kilkuletniego syna. Paul i Ringo są przedstawieni zabawną dziecięcą kreską.

Gdy Świerzy wziął się za ten sam temat, plakat wyglądał niczym marzenie fana, przesyłka prosto z Liverpoolu. Zagraniczna jakość i żadnego protekcjonalizmu. Chłopcy byli jak żywi. Toteż przez wiele lat plakat z Beatlesami wydawał mi się arcydziełem.

* * *

Zmarnowałem dzieciństwo i młodość. Nie słuchałem Stonesów ani Depeche Mode. Moimi rockmanami byli graficy.

Żadnego z nich nie znałem. Nie miałem pojęcia, jak wyglądają. Czasem, w jakimś albumie WAG lub piśmie „Projekt" trafiałem na czarno-białe, nieaktualne zdjęcie. Poza tym były tylko plakaty.

Stawkę otwierał Henryk Tomaszewski. Onieśmielający besserwisser. Pamiętam plakat na temat pokoju złożony z czarnej pętelki, zielonej koniczyny oraz czterech plam farby. Więc tak można? – myślałem. Widać można. W końcu ten zwariowany plakat wisiał latami na płotach od Bugu po Odrę. Trafił nawet do naszej szkoły – potwornego gniazda konwencjonalności, nudy i bezguścia. Tomaszewski miał glejt na nonszalancję. Pozwolenie na sarkazm. Licencję na humor. Mógł żartować ze zleceniodawców. Mógł żartować z odbiorców. Mógł w 1983 roku namalować zieloną stopę pokazującą gest zwycięstwa.

Jedyny problem, że owszem, wskazywał nowe drogi, ale nikogo nie puszczał przodem. Maszerował prosto do celu, po czym wbijał tabliczkę z napisem „Już tu byłem". Ustanawiał nowe prawa, ale tylko on mógł z nich korzystać. Trudno wskazać nauczycieli Tomaszewskiego, ale i następcy wypadali przy nim blado. Tytuł pośmiertnej wystawy – „Byłem, czego i wam życzę" – zabrzmiał trochę szyderczo.

Mam też wątpliwości co do jego osławionych sukcesów pedagogicznych. Chyba najbardziej przysłużył się swoim studentom i naśladowcom z Francji. Byli w dobrej sytuacji: oryginał znajdował się w bezpiecznej odległości.

* * *

Na przeciwnym biegunie stał Roman Cieślewicz.

Tomaszewski był impresjonistą. Cieślewicz miał otwartą linię kredytową u Rodczenki.

Tomaszewski ironizował. Cieślewicz płonął, huczał, uderzał w patos (otwarte usta, wychudzone dzieci, pancernik „Potiomkin" i „Che si!").

Tomaszewski rysował. Cieślewicz wycinał i rastrował.

Tomaszewski został w Polsce. Cieślewicz wyjechał do Francji, a w jakimś wywiadzie mruknął nieuprzejmie o takich, którym do pracy wystarcza zaśliniony ołówek.

* * *

Byli też inni. Młodożeniec. Z powodu ilustracji do *Hobbita* wyobrażałem go sobie jako przyjaznego krasnoluda, szlifującego litery i kształty. Zamecznik, który nie potrzebował komputera, żeby manipulować fotografią. Hilscher, Górka, Urbaniec... To zdumiewające, jak bardzo byli różni. Dopiero później żywi, inteligentni ludzie stali się cząstkami sztucznego tworu zwanego polską szkołą plakatu. Pewne podobieństwa, drugorzędne cechy ich twórczości, złożyły się w zestaw chwytów charakteryzujących nasz styl narodowy.

* * *

Rozkwitli w połowie lat pięćdziesiątych. Następna dekada to było graficzne lato miłości. Po '68 roku nic już nie było takie fajne. Lata siedemdziesiąte jakoś minęły… W osiemdziesiątych działo się źle. Malarski styl polskiego plakatu maskował ostateczny upadek poligrafii, kryzys gospodarczy, polityczną przemoc i spustoszoną kulturę. W latach osiemdziesiątych polskie drukarnie nie były już w stanie wydrukować żadnego czystego koloru. A szarozielone skrzydła, pazury, oczy i ołówki służyły jako dyżurny zestaw rekwizytów pozwalających zbudować elegancką, nic nieznaczącą wizualną metaforę. Prawdziwe projektowanie trwało na ścianach przejść podziemnych, w podziemnych wydawnictwach. Albo nie było go w ogóle.

* * *

Po 1989 roku polski plakat skończył jak kopalnia lub PGR. Pozbawiony państwowego mecenatu, wymęczony, skojarzony z poprzednią epoką, okazał się niepotrzebny. A do tego pojawiły się komputery. Nowe możliwości, umiejętności i branże. Wiek też robił swoje. Plakaciści odeszli niczym gwiazdy kina niemego. Albo jak robotnicy fabryki, którym powiedziano, że nikt już nie chce kupować ich produktów. Były dobre, dopóki brakowało konkurencji. Teraz można już kupić tyle ładniejszych rzeczy.

IRONIA PLAKATÓW

Na polskim plakacie filmu *Dzień Szakala* widzimy historyjkę obrazkową. Trzy kolejne kadry. Na dwóch pierwszych widnieje wyprostowana sylwetka de Gaulle'a (ogromny nochal, kepi, francuska flaga w tle). Na trzecim rysunku generał skłania głowę, a za plecami dostojnika wybuchają cztery czarne kleksy. To nawiązanie do kulminacyjnej sceny filmu: Edward Fox naciska spust dokładnie w chwili, gdy generał (cytuję za literackim pierwowzorem):

> solennie składa pocałunek na policzku stojącego przed nim weterana.

Żeby sięgnąć policzka, musi się schylić. Cmok! Kula trafia w próżnię, bo Szakal nie przewidział tego gestu „tradycyjnego we Francji, jak i w wielu innych krajach europejskich (...), który tak zdumiewa każdego Anglosasa". Francuski prezydent uchodzi śmierci dzięki różnicom kulturowym.

W połowie lat siedemdziesiątych publiczność musiała już wiedzieć, że zamach OAS się nie powiódł, a de Gaulle zmarł we własnym łóżku. Mimo wszystko, plakat Eryka Lipińskiego to czysty, żywy spoiler. Na dodatek mylący, bo… (policzcie ślady po kulach).

Jednak na mojej liście zajmuje dopiero drugie miejsce w swojej kategorii. Pierwsze należy do taniego wydania Agaty Christie, gdzie na okładce pokazano rozwiązanie zagadki kryminalnej (rewolwer był w doniczce! w doniczce!).

* * *

Plakaty bywały też śmicherami. Intencjonalnie lub przypadkowo ośmieszały swój temat.

Tylko w Polsce można było namalować afisz reklamujący wyjazdy myśliwskie z jeleniem triumfalnie opierającym kopyto na piersi leżącego strzelca (*Hunting in Poland* Wiktora Górki, 1961).

„Uważaj – głowa nie z gumy" – ostrzegał Maciej Urbaniec i malował spłaszczoną gumową głowę, od której właśnie odbił się młotek. Tor lotu znaczyła przerywana linia.

Poproszony o plakat cyrkowy, Waldemar Świerzy ochoczo przedstawiał kobietę z brodą. Błękitną i zupełnie nagą (w sumie była to więc odważna prefiguracja Conchity Wurst).

Niekiedy dystans do tematu przejawiał się w bardziej subtelny sposób. Na całym świecie z plakatu filmu *Jaws* szczerzył zęby rekin. Nasz Andrzej Dudziński zaproponował pełną wdzięku parafrazę *Upadku Ikara* Breughla. Morze, niebo, płetwa grzbietowa.

I tylko różowy kilwater świadczy o dramacie, który tu się wydarzył.

* * *

Humor zawsze był cechą polskiego projektowania. Już w latach dwudziestych graficy odwoływali się do absurdalnych skojarzeń i przewrotnych metafor, ale chyba najlepsze warunki duch przekory znalazł po 1956 roku. Trudno powiedzieć, że państwowy klient pozwalał z siebie żartować. Jednak zezwalał na pewien dystans, ironię, mrugnięcie oka.

To wisiało w powietrzu.

Reklamę w gospodarce niedoboru, cyrk, propagandę BHP, oficjalną ideologię – trudno to było traktować na serio. Nikt nie badał skuteczności mediów. Nikt nie podliczał słupków sprzedaży. Zresztą po co? I tak żaden plakat nie zachęciłby ludzi do kupienia biletów na bułgarski western lub przywdziewania odzieży roboczej. Państwo i partia (reprezentowana przez koncern RSW „Prasa-Książka-Ruch") uprzejmie dotowały rozwój sztuk plastycznych. A beneficjenci czasem odwdzięczali się dobroduszną kpiną.

Cóż. To był socjalizm. Nikt nie wydawał własnych pieniędzy. Nawet te zarobione sprawiały wrażenie nierealnych. Pamiętam anegdotę o dwóch wybitnych plakacistach z początku lat sześćdziesiątych. Dostawali jakieś ogromne stawki i wyznawali zasadę *work hard, play hard*. Pod rządami Gomułki artyści mieli ograniczone możliwości prowadzenia hulaszczego życia. Największa ekstrawagancja polegała na tym, że zamiast prać koszule, codziennie przed wyjściem do knajpy, kupowali nowe w sklepie PDT.

* * *

Później, na początku lat dziewięćdziesiątych, pierwszy klient, biznesmen z branży wydawniczej, udzielił mi ważnej lekcji:

– Nic nie mów o polskiej szkole plakatu! – krzyczał. – Ludzie tym rzygają. Przez czterdzieści lat nie mogli kupić dwóch butów do pary, ale za to mieli najlepsze plakaty na świecie. Myślisz, że robotnik z Żerania lubił te metafory? Powiem ci, czego chcą ludzie. Chcą, żeby wreszcie było porządnie wydrukowane, kolorowe i błyszczało. Żadnych metafor. I żeby było widać, że artysta uczciwie się napracował.

Przy czym opowieść była już trochę nieaktualna, bo robotnik właśnie zniknął. Razem z zakładami na Żeraniu i większością przemysłu.

* * *

Kapitalizm nie jest skomplikowany, może jeśli pominąć sprawę derywatów, kursów i obligacji. Mimo to we wczesnej epoce transformacji miałem uczucie, że chodzę w koszulce z napisem „PROSZĘ MI POWIEDZIEĆ, CO TO JEST WOLNY RYNEK". Wszystkich wokół ożywiała chęć objaśniania nowych czasów. Każdy odkrywał w sobie małego Jeffreya Sachsa. Szef, patrząc na moje pierwsze projekty, zagajał słowami:

– Nikt tego nie zrozumie. Chyba lepiej, żebym ja ci to powiedział, a nie jakiś gruby prezes.

Facet, który nie chciał zapłacić za projekt logo, też nie poprzestał na odmowie. Musiał przy okazji opisać swoją drogę życiową, zaczynając od czasów, gdy wstawał o świcie, by sprzedawać pomidory na rynku. A teraz, proszę, zamawia sobie łąąągo, za które jednakże nie zapłaci, bo nie zaszedłby tak daleko, gdyby szastał pieniędzmi.

To było nie do zniesienia. Jak powiedział sędzia, uzasadniając wyrok na zwyrodnialca:

– Sąd rozumie, że można zabić, ale żeby się tak znęcać?

* * *

Dydaktyka, nieustające pouczanie, wzajemne okładanie się niewidzialną ręką rynku kryły strach i bezradność. Czego chcą ludzie? Co ich bawi? Co im się tak naprawdę podoba? Dyplom wyższej uczelni ani doświadczenie nie odpowiadały na te pytania.

W redakcji pierwszego, nieśmiałego, delikatnego i wrażliwego społecznie tabloidu, wprowadzono Test Sprzątaczki. Redaktor wzywał panią Stasię i dawał jej do przeczytania teksty. Jeśli były niezrozumiałe, wracały do poprawki. Pewien znajomy skarżył się, że nawet ówczesne pismo literackie odrzuciło jego recenzję, argumentując, że nie przeszła Próby Ciecia (autor użył słowa „ontologia").

* * *

To był początek: protekcjonalne przekonanie, że mądrzy państwo pochylą się nad panią Stasią i przygotują dla niej ludową czytankę, mądrą i napisaną przystępnym językiem. Wkrótce powstały prawdziwe firmy badania opinii. Na rynku pojawiły się prawdziwe pieniądze. Konsument nie czekał, aż ktoś go zapyta o zdanie. Kupował, co chciał.

W reklamie Godzilli miała być Godzilla. W reklamie filmu o rekinie ludojadzie – cholerny rekin ludojad. Żarłacz z ostrymi kłami. Z krwawą mordą wielką jak szafa i kompletem zakrwawionych zębów wartym każdej złotówki wydanej na bilet.

* * *

Klienci lat dziewięćdziesiątych mieli w oczach żar.

– Jestem brand managerem piegusków – przedstawiła się pani.

– Zawsze chciałem panią poznać – zapewniłem.

Nigdy nie zapomnę spojrzenia, którym mnie obrzuciła. Nie chodziło o moją nieuprzejmość. Raczej o bluźnierstwo. Zetempowcy wolnego rynku nie pozwalali uchybiać brandom. Kilka lat wcześniej, w dekadencji PRL, można było drwić z wszystkiego i wszystkich. Nagle przyszedł kapitalizm i wszyscy spoważnieli. Ogłoszono koniec ironii. Ironia był matką odstępstwa. Synonimem wyższości. Wyniosłości. Zarozumialstwa. Nikt nie miał zamiaru płacić zarozumialcom.

Późny socjalizm był zmęczony. Wczesny kapitalizm tryskał energią i domagał się zaangażowania od innych.

Widziałem znajomego, brand managera herbaty w torebkach, jak kroczył w żółtej kurtce, prowadząc mały orszak hostess. Widziałem też najlepsze umysły pokolenia obmyślające sposób rozłożenia towarów na stacji benzynowej, przemyślny system psychologicznych dźwigni i pułapek, zaprojektowany, by żaden kierowca nie mógł się powstrzymać przed kupieniem orzeszków.

* * *

Można to ująć krócej. Historia polskiej szkoły plakatu zaczęła się w latach czterdziestych, jeszcze w Łodzi (Warszawa leżała w gruzach). Eryk Lipiński tak wspominał pierwsze zlecenie:

> Plakaty filmowe uważane były wtedy za produkcję drugiej kategorii i szanujący się grafik uważałby za ujmę zajmowanie się tą pracą.

> Ale po paru dniach Henryk [Tomaszewski] wpadł na pomysł, żeby zgodzić się na propozycję Filmu Polskiego, pod warunkiem jednakże, że nie będziemy robić tych typowych plakatów z dużymi twarzami i postaciami artystów, ale że nasze plakaty będą kompozycją graficzną, dla której natchnieniem będzie treść filmu. Pomysł ten bardzo mi się podobał, podobał się również szefowej (...) Marynie Sokorskiej, która zaakceptowała go całkowicie, nie zwracając uwagi na protesty zawodowych filmowców.

Graficy wygrali z wolnym rynkiem (w nie całkiem uczciwej walce). Triumfowali przez kilka dziesięcioleci, nie przeczuwając, że gdzieś w głębi tli się opór.

Znakomity plakacista opowiadał, jak w latach siedemdziesiątych projektował dla Centrali Wynajmu Filmów. Kiedy panie urzędniczki od zamówień już go polubiły, wyciągnęły zza szafy swój największy skarb. Był to prawdziwy plakat z Ameryki, z dużymi twarzami, postaciami artystów i zachodem słońca. Rozwinęły rulon i spytały:

– Jak pan sądzi, czy w Polsce kiedyś do tego dojdziemy?

No i doszliśmy.

RAPORT

Oni mieli helikoptery, a my śmigłowce.

Oni wysyłali astronautów, a my kosmonautów.

Oni mieli szpiegów. My wywiadowców albo oficerów wywiadu (ciekawe, czy istnieją szeregowcy wywiadu) i Stanisława Mikulskiego.

No i oni mieli seks. – A u nas sieksa niet! – zawołała 17 lipca 1986 roku radziecka uczestniczka telemostu Leningrad – Boston, czym prawdopodobnie przypieczętowała upadek ZSRR. Nawiasem mówiąc, pytanie dotyczyło seksu w reklamach i jakiś przytomniejszy leningradczyk szybko dodał „Seks u nas jest, tylko reklam nie mamy". Jednak do historii przeszła pierwsza odpowiedź.

Poza seksem mieli też design. My – wzornictwo.

Pomimo wszystkich wysiłków, innowacji, sukcesów, słowo „wzornictwo" przywołuje obraz drewnianych zydelków, glinianej zastawy, przedmiotów z wikliny a także, imponującą pod każdym względem, postać Wandy Telakowskiej.

Design pojawiał się tylko na chwilę. W zaczytanym piśmie z Anglii. Na wystawie osiągnięć francuskiego czy fińskiego przemysłu. Na fotografiach przedrukowanych z zagranicznej gazety. Toteż sam wyraz „design" miał wywrotowy potencjał.

* * *

W kalendarium największego podziemnego wydawnictwa, Niezależnej Oficyny Wydawniczej Nowa, można przeczytać:

> Grudzień 1983 – NowaDesign wprowadza na podziemny rynek kalendarz „orwellowski" z ilustracjami Zygmunta Januszewskiego i komentarzami Jana Zielińskiego.

W odróżnieniu od wielu nielegalnych publikacji, dwujęzyczny kalendarz był starannie zaprojektowany i perfekcyjnie wydrukowany. Nie jestem pewien, czy logo NowaDesign pojawiło się jeszcze na innych publikacjach; ale to ono wyrażało sposób myślenia Tomasza Kuczborskiego, dyrektora artystycznego Nowej.

Design był po właściwej stronie.

* * *

Przykład z tego samego roku.

Okładka jest jednokolorowa. Wydrukowana najprostszymi środkami. Ma mocny tytuł i kontrastową ilustrację. Na białym tle widać sylwetki trzech milicjantów w bojowym rynsztunku. Oryginalne zdjęcie* wykonano podczas demonstracji 31 sierpnia 1982 roku, gdzieś między blokami przy ulicy Bagno w Warszawie. Ale to nie ma większego znaczenia.

Funkcjonariusze idą przed siebie. Rozglądają się na boki. Jeden z nich depcze po literach (efekt nie taki prosty do osiągnięcia w epoce przedkomputerowej). Twarze, słabo widoczne, nie wyrażają żadnych szczególnych emocji. Mimo to czuje się napięcie. Ot, migawkowa scena z walk ulicznych w jakimś kraju.

Autor:
Marek Nowakowski (nazwisko napisano Helveticą).

Tytuł:
Raport o stanie wojennym. Ciąg dalszy

I jeszcze:
© Niezależna Oficyna Wydawnicza 1983

Warto zauważyć pionierskie na krajowym gruncie użycie symbolu ©. Podkreślanie własności praw autorskich przez nielegalne – było nie było – wydawnictwo stanowiło jednoliterową demonstrację. Prawo jest po naszej stronie. To państwo je łamie!

* Fot.: Andrzej Andrychowski i Mark Carrot.

MAREK NOWAKOWSKI

RAPORT o STANIE WOJENNYM*

*CIĄG DALSZY...

* * *

W tytule – litery typu Stencil, amerykański krój jeszcze z lat trzydziestych. Masywna antykwa imituje napisy wykonane przez szablon. To krój armii, dalekich podróży i męskich przygód. Dziś kojarzy z czołówką serialu *M.A.S.H.* lub katalogami sprzętu turystycznego. W latach osiemdziesiątych miał dodatkowy walor – biła od niego zagraniczność.

Zaglądam do wzornika państwowej drukarni z połowy lat osiemdziesiątych: Times, Plantin, Garamond, Excelsior i Helvetica oraz Optima. Żelazna porcja, stały repertuar tamtych czasów. Trzeba przyznać, że to nie najgorszy zestaw, choć nawet po trzydziestu latach bije od niego nudą. Szczególnie od Optimy.

To smutne, ale Polska tradycja typograficzna jest dość uboga. Najzwyczajniej w świecie, projektantom zawsze brakowało polskich krojów. Przez historię, słabość poligrafii i te kilka znaków: Ą, Ę, Ć, Ł. Nic dziwnego, że polscy graficy, od przedwojny, byli mistrzami odręcznego liternictwa. Deficyt krojów zachęcał lub zmuszał do malowania liter. Tym samym przesądzał o emocjonalnym charakterze projektów. – Ten to ma rękę – mówiono – ten to ma kreskę. Osobowość twórcy wypełniała plakaty. Odciskała się w każdej literce, przecinku, znaku diakrytycznym. Polskie projektowanie było strasznie osobistym biznesem.

I może dlatego najciekawsze powojenne projekty zrobili artyści, którzy nie umieli rysować. Albo nie lubili. Nie uciekali w przytulny świat rysunkowej finezji i literniczego kunsztu.

Dla nich w latach siedemdziesiątych pojawiła się trzecia droga. Przywożone z zachodu nośniki transferyczne, cudowne typograficzne kalkomanie, cienkie arkusze z rzędami liter lub symboli, które przykładało się do kartki i delikatnie tarło ołówkiem lub długopisem, znak po znaku przenosząc na papier.

To był przełom. Za sprawą folii Letraseta litera oderwała się od ołowianej czcionki. Stała się tania, dostępna, wszędobylska. Nie wymagała zecera. Nowe kroje natychmiast trafiały do użytkowników. Z łatwością przenikały nawet przez żelazną kurtynę. W pewnym sensie rozpowszechnienie fontów komputerowych stanowiło już tylko konsekwencję tamtego pierwszego kroku.

Szczerze mówiąc, ze wszystkich zarzuconych technologii tej najbardziej mi szkoda.

* * *

Dobór litery jest kluczowy dla projektu Kuczborskiego. Stawia go w opozycji do polskiej grafiki tamtych czasów.

Dziś łatwo to przeoczyć, ale na początku lat osiemdziesiątych sam krój tytułu sygnalizował, że książka powstała poza oficjalnym obiegiem, poza państwowym monopolem Excelsiora i Optimy. Zarazem projekt *Raportu* uciekał od rutynowego rękodzieła polskich plakacistów. Nie stanowił osobistego komentarza pana artysty (kto by go zresztą słuchał). Był ponadindywidualny. Zaskakiwał brakiem emocji. Reporterskim chłodem. Kształt graficzny korespondował z lakonicznym stylem Nowakowskiego i odpowiadał tytułowi wskazującemu, że nie mamy do czynienia z literaturą piękną, lecz ze sprawozdaniem, meldunkiem, bezstronną relacją.

Najciekawsze jest wszystko, czego zabrakło na tej okładce. Nie widzimy demonstrantów, flag narodowych ani transparentów. Strumieni wody, obłoków gazu. Nie ma też orła, krat, zaciśniętych pięści. Brak kolorytu lokalnego, historii i histerii. Mesjanizmu. Szczerze mówiąc, identyczna klatka mogła powstać podczas demonstracji w Niemczech lub Portugalii. Międzynarodowy język designu pozwalał powiedzieć:

– Halo, jesteśmy normalni. Tacy jak wy.

Jak w piosence Jana Krzysztofa Kelusa: „jakbyśmy byli w Europie – bez krwi i szminki makijażu". Dziś, na podobnej zasadzie, demonstranci w Stambule, Teheranie czy Kijowie wychodzą na place, niosąc transparenty z hasłami po angielsku.

* * *

Jeśli projektom można przypisać części mowy, to okładka *Raportu* jest rzeczownikiem. Wrogiem przymiotników. To cecha najlepszych projektów NOWEJ. Na okładkach kaset magnetofonowych, ówczesnych audiobooków, art director umieszczał wyszparowane zdjęcia rekwizytów: telewizyjnych reflektorów, kajdanek, kłódki. Coś jak obrazkowy elementarz stanu wojennego, przetłumaczalny na obce języki.

Rzeczownik wyraża zaufanie do czytelników. Przymiotnik maszeruje obok jak cień lub strażnik. Dopowiada, dociska, naznacza. Dba, żebyśmy nie popełnili błędu w ocenie. Nie przeoczyli cech osoby lub rzeczy.

– A pfuj! – ostrzega. – Nie rusz, nie dotykaj, patrz, jakie to wstrętne.

Oficjalna propaganda zawsze pieniła się od przymiotników. Czytając artykuły, którymi (uwaga, przymiotnik) stalinowska prasa określała plan Schumana, próbowałem liczyć epitety: antyradziecki, bandycki, cyniczny, dywersyjny, grabieżczy, fałszywy, hegemonistyczny. Po dwudziestym – traciłem rachubę.

Język opozycji lat siedemdziesiątych był na to odtrutką. Suchy. Rzeczowy. Lakoniczny. Rozdzielał informację od komentarza. Okładka *Raportu* to jego wizualny odpowiednik.

* * *

Ten styl pisania przetrwał do początku lat dziewięćdziesiątych. Jeszcze w 1991 roku byłem mimowolnym świadkiem awantury, która rozpętała się w „Gazecie Wyborczej", gdy nowy dziennikarz użył w tekście wyświechtanego określenia „lekkoatletyka – królowa sportu".

– Nie jesteśmy „Trybuną Ludu”! – krzyczała legendarna pani redaktor.

Ale, oczywiście, emocje zwyciężyły. Suchy styl komunikatów i podziemnych gazetek wkrótce wyparował. Tabloidy pokazały, że emocje poprzedzają fakty. Są od nich ważniejsze. Szybsze. Prowokują do kliknięcia. Sprzedają.

Powściągliwość nie jest cnotą, więc nikt już nie trzyma gardy. Nie zaciska zębów. Żyjemy w epoce rozpasanej emocjonalności. Nawet jeśli fakty mówią same za siebie, to robią to zbyt wolno. Graficy i dziennikarze wolą nie ryzykować.

DWA PLUS DWA

Wiosną 1989 roku wszystko się zmieniło. Jak w dowcipie o lwie: człowiek podniósł parasol, zawołał pif-paf i lew padł martwy. Czy to ważne, kto strzelał zza pleców spacerowicza? Afganistan? Wojny gwiezdne? Spadek cen ropy czy boże wstawiennictwo? Wszystko jedno. Pif-paf. Lew leżał trupem.

Może tak działa historia: nagle ta sama akcja wywołuje zupełnie inną reakcję. Bezsensowne gesty przynoszą rezultat. Wieczny pechowiec zgarnia główną nagrodę, a jegomość na sawannie święcie wierzy, że zastrzelił lwa ze starego parasola. I że to już ostatni odcinek jego przygód.

* * *

Z tamtych wyborów w czerwcu wszyscy zapamiętali plakat z kowbojem. Stał się ikoną. Trafił do podręczników. Odtąd wraca przy okazji kolejnych rocznic i rośnie. Potężnieje z każdym rokiem. Banner na Pałacu Kultury osiągnął rozmiary King Konga.

W jednym ze wspomnieniowych tekstów znalazłem początek historii:

– Przychodzi do mnie student ASP i przynosi projekt plakatu: idzie Gary Cooper jako szeryf, ale zamiast pistoletu ma kartkę wyborczą z napisem Solidarność – opowiada Henryk Wujec. – No nie wiem, mówię temu chłopakowi, idź się spytaj naszego działu promocji. On za chwilę wraca i mówi, że nie podobało im się, nie wezmą. To już ja sam zdecydowałem, że nikogo nie będziemy pytać, tylko wysłałem ten projekt do drukarni we Włoszech. W tamtych czasach westerny były najlepszymi filmami, jakie można było obejrzeć w polskiej telewizji. Z jasno zaznaczonym dobrem i złem. Autor projektu plakatu nazywa się Tomasz Sarnecki.

W tych zdaniach brzmi duma człowieka, który wykazał się intuicją. Postawił na swoim, wbrew opinii speców od promocji. Ironia polegała na tym, że rozpoznał nakręcający się mechanizm polskiej polityki. Wyborcy chcieli prostego komunikatu, jasno zaznaczonego dobra i zła. Najlepiej faceta z giwerą, który przyjdzie nie wiadomo skąd i zrobi porządek z całym tym bajzlem. Casting na dobrego szeryfa został rozpoczęty... Kilka lat później obywatele zrobili partii Henryka Wujca to samo, co Wujec zrobił polskiemu plakatowi.

Można się czepiać, że wybrany obrazek od początku zwiastował upadek „Solidarności", że zamiast zbiorowego działania pokazywał samotnego wojownika. Że głosił kult indywidualizmu, a skojarzenie z westernem

W samo południe grzeszyło powierzchownością, nie uwzględniając gorzkiego i w gruncie rzeczy pesymistycznego zakończenia filmu.

I tak najgorszy był znaczek w klapie i kartka z napisem „wybory", którą Gary Cooper dzierżył w dłoni. Cóż, niezależnie od epoki, nad wysiłkami karykaturzystów unosi się zaklęcie Niny Simone: *Oh Lord, please don't let me be misunderstood / Don't let me be misunderstood / I'll try so hard, so please don't let me be misunderstood.*

Ale ten przegadany, dosłowny, niczego-niezostawiający-inteligencji-odbiorcy-projekt działał. W czerwcu 1989 roku wyborcy czuli się jakby toczyli pojedynek w słońcu. Pif-paf!

* * *

Był jeszcze inny plakat rozwieszany tamtej wiosny. Jego autor miał siedemdziesiąt pięć lat, urodził się jeszcze jako poddany cara Mikołaja II, na dwa miesiące przed wybuchem pierwszej wojny. Projekt dla „Solidarności" należał do ostatnich w dorobku Henryka Tomaszewskiego. Stanowił, przynajmniej na pozór, bardziej gest poparcia niż wydarzenie artystyczne. Coś jak koncert Yvesa Montanda, który przyjechał wtedy do Polski i starczym głosem zanucił „Jesienne liście".

Tomaszewski nie szukał znaku ani wizualnej metafory. Tym razem nic nie namalował. Wybrał najbardziej bezpośredni sposób zwrócenia się do widzów.

Napisał kaligraficzne „Żeby".
Wyrazy „Polska była Polską".
Niżej dwie dwójki – gęgające ptaszydła z wyciągniętymi szyjami.
Czarno-czerwone „musi być zawsze".
I wynik działania.

Żeby POLSKA była POLSKĄ 2 + 2 musi być zawsze cztery.

Szkolne pismo sugerowało prostoduszną naiwność. I tekst był naiwny. Łączył dwa banały. Najpierw ćwiczenie z patriotycznej deklinacji, refren z popularnej w latach stanu wojennego pieśni Jana Pietrzaka, mówiącej o Norwidzie, Drzymale, wierze wyruszającej w pole, a także matkach, żonach, sztandarach, ogniskach itd.

A do tego lekcja rachunków. Ciekawe, jak często to „2 + 2" stanowiło deklarację polityczną. Nawet w *Roku 1984* Orwella arytmetyka odgrywała kluczową rolę. Biedny Winston Smith zapisał (z poczuciem, że to „niezmiernie ważny aksjomat") następujące słowa:

> Wolność oznacza prawo do twierdzenia, że dwa i dwa to cztery. Z niego wynika reszta.

I ta refleksja wkrótce miała go zaprowadzić do izby tortur, gdzie rozegrała się okropna scena z elektrowstrząsami i liczeniem palców:

– Ile palców, Winston?
– Cztery! Przestańcie, przestańcie! Nie męczcie mnie! Cztery! Cztery!
– Ile palców, Winston?
– Pięć! Pięć! Pięć!
– Nie, Winston, nic z tego. Kłamiesz. Wciąż wydaje ci się, że widzisz cztery. Słucham, ile palców?
– Cztery! Pięć! Cztery! Ile chcecie! Tylko błagam, wyłączcie tę machinę!

Tomaszewski połączył w jednym zdaniu patos i arytmetykę. Koloryt lokalny (kto poza Polską słyszał o księdzu Ściegiennym?) i uniwersalny przekaz, zrozumiały nawet w Brnie czy São Paulo.

Próbował pogodzić dwa języki, dwie tradycje. Pokazać, że jedna jest niemożliwa bez drugiej. Znaleźć między nimi równowagę. No cóż… Minęło ćwierć wieku i dalej mamy z tym problem. Pif-paf!

* * *

Najciekawsze, że czerwoną krechą podkreślił wyraz „zawsze”… Grafik może wyróżnić wyraz krojem pisma, wielkością liter, światłem, kolorem. Podkreślająca linia to porażka, wyraz bezradności, to jak podniesienie głosu, stuknięcie o blat, zawsze, powtarzam, zawsze! Albo podwójny wykrzyknik w prozie.

Wiosną 1989 roku polityczna zmiana wydawała się niepewna. Można było się obawiać o jej trwałość.

Plakat Tomaszewskiego zaklinał: „Tym razem zawsze ma być na zawsze". Czyli poza cyklem kolejnych odwilży i przymrozków. Luzowania i przykręcania śruby.

W latach siedemdziesiątych w kabaretowym poemacie Janusza Weissa nowy, liberalny władca ogłaszał, że dwa i dwa równa się pięć. Któryś z poddanych podawał ten wynik w wątpliwość, co pozwalało zaprezentować następującą puentę:

Czy źle wam?
Macie co pić i jeść?
Czy wy chcecie by znowu
Dwa i dwa było sześć?

* * *

Po latach uderzyło mnie co innego. Podkreślone „zawsze" dotyczy także projektowania.

Rozum lubi reguły. Emocje karmią się wyjątkami.

Rozum już wie, co nastąpi. Nadzieja szepcze:

– Tym razem będzie inaczej.

– Może to pomyłka.

– Proszę jeszcze raz sprawdzić.

„Zawsze" to statystyka. „Zawsze" to zasady gry. „Zawsze" to plan, siatka modułów, żelazne zasady modernistycznej typografii. „Zawsze" jest dla wszystkich.

Lata dziewięćdziesiąte nie chciały się podporządkować regułom. Wytoczyły wojnę „zawsze". Zwłaszcza że „zawsze" okazało się słabe i nietrwałe.

Najwyraźniej mieliśmy tak dość planowania, że postanowiliśmy budować kraj z samych wyjątków. Potwierdzały to architektura, urbanistyka i design. Reklama zewnętrzna i ustawodawstwo... Moja racja. Moja własność. Moja reklama.

Zabawne, że właśnie Tomaszewski, ze swoją malarskością, indywidualizmem i swobodą, wystąpił z obroną słowa „zawsze". Sugestią, że może nam się jeszcze przydać.

Świat modernistycznego projektowania trzymał się na złudzeniu, że jest jakieś „zawsze".

PLAN MIASTA

Samo się zrobiło? Jakoś tak wyszło?

Pamiętam, jak to szło. Pamiętam rok po roku, przez dwie dekady.

Pamiętam, że w czasie, kiedy się jeszcze dyskutowało o takich rzeczach, ojciec (wieczny pryncypialista) oburzał się na kolegów architektów, którzy budowali mieszkaniówkę w jakimś rezerwacie czy otulinie rezerwatu przyrody, z pogwałceniem, jak twierdził, prawa i obyczajów.

– Są dobrzy – przyznawał – więc uważają, że im wolno. Potrafią zrobić dobry projekt, to fakt. Ale następnym razem, za następny rezerwat weźmie się ktoś mniej zdolny i co wtedy?

Innym razem zarzucał koledze, że zdewastował starą fabrykę, przebudowując ją na siedzibę swojego koncernu.

– Na wszystko mam pozwolenia – oburzył się tamten.

O, tak, miał. Oczywiście.

* * *

Potem było już tylko gorzej i gorzej.

Plany zagospodarowania, które uchwalano, by je później przykrawać kawałek po kawałku, wydzielając działki, na które znalazł się kupiec (niech buduje, co chce). Albo plany, których wcale nie uchwalano, co w sumie było prostsze.

A skoro nie uchwalano, to nie zamawiano projektów. A kiedy już trzeba było coś zamówić, to ogłaszano przetarg. Oferent musiał się wykazać autorstwem trzech planów uchwalonych w ciągu ostatnich dwóch lat. A planów nie uchwalano, bo (patrz wyżej).

Bezosobowe formy: zrobiono, postawiono, spierdolono... Nigdy nikogo nie złapano za czasownik. Nikt nie pokazał: to ten, to ta. Ludzie, którzy zarzynali miasto – a przy okazji mojego tatę – nie mają twarzy. Tylko procedury.

I, oczywiście, wszystko tonęło w wolnorynkowym sosie. Chciwość jest dobra. Liberalizm jest super. Nikt nam już nie będzie mówił, gdzie budować i co.

* * *

...i jeszcze to jego opus magnum, plac Europy. Sprytna nazwa nic nie pomogła. Nie ma planu, nie ma placu. Z całego projektu powstał jeden jedyny dom. Nikt nie pamięta, że to fragment większej, niezrealizowanej całości. Stoi w dziwnym miejscu, pod niezrozumiałym kątem. Zastawiony biurowcami. Opuszczony. Ostatnio na dachu zaczęły wyrastać młode brzózki (dobrze, że tego nie widzisz).

– Ja się dziwię… – zaczął ojciec podczas jakiegoś służbowego spotkania. I mówił to swoim najbardziej sarkastycznym tonem. Tonem, przed którym drżałem. Nadal nie mogę uwierzyć, że na kimś jego sarkazm mógł nie zrobić wrażenia.

– Niech się lepiej pan inżynier nie dziwi – poradził dobrotliwie rozmówca – bo będą mówić, że pan inżynier jest dziwak. A gdyby pan inżynier był kobietą, to że dziwka.

* * *

I tyle.

II.
PORADNIK
ZŁEGO PROJEKTANTA

AKTOR

Nie mam pojęcia, kto i dlaczego w połowie lat osiemdziesiątych wpadł na pomysł, żeby uświetnić rozdanie świadectw przemówieniem sławnego człowieka. Zupełnie jakby to był amerykański *college*, a nie zwykła podstawówka.

Zebrano nas w sali gimnastycznej. Każdy dostał swoją cenzurkę. Pani dyrektor, która nałożyła grubszą niż zwykle warstwę niebieskiego pudru, zaanonsowała gościa. Po chwili witany wybuchami entuzjazmu, wkroczył sprężystym krokiem facet w średnim wieku.

W tamtych czasach nie było bardziej popularnego aktora. Jego życiowa rola to mężczyzna po przejściach, gorzki, ironiczny i powściągliwy. Polski Humphrey Bogart. Z tym że w zmarszczkach Bogarta można było zobaczyć burzliwe przygody przemytnika, uczestnika wojny hiszpańskiej czy gangstera. W łysinie naszego bohatera przeglądały się nadzieje i rozczarowania późnego PRL. Kobiety chciały go przytulić. Mężczyźni zaprosić na wódkę (wydawał się idealnym kompanem do melancholijnego pijaństwa).

Był wszędzie. Ciepłym barytonem śpiewał poezję. W dyskotekach brzmiały piosenki pop w jego wykonaniu (żartobliwy projekt, który zamienił się w serię hitów). Błaznował w kabarecie, wzruszał w teatrze telewizji. Grał też główną rolę w serii niewiarygodnie popularnych filmów dla dzieci i młodzieży.

– Spójrz, jakie ma adidasy – szepnął kolega z podziwem.

– Ja pierdzielę, gumę sobie żuje.

Istnieje typ mówców, którzy lubią udawać dezorientację. W pierwszych słowach oświadczają, że są zupełnie nieprzygotowani i bardzo zaskoczeni ciepłym przyjęciem.

– To szkoła, tak? – krygował się aktor. – Macie tu jakąś uroczystość?

No tak, mieliśmy uroczystość. Kilka osób szło do liceum. Większość do techników i zawodówek. Ktoś repetował. Przyszłość nie obiecywała zbyt wiele: pracę w sklepie obuwniczym albo w jakimś urzędzie. Mama kolegi sprzątała za granicą i ściągnęła syna do siebie (zniknął bez pożegnania jakoś zimą). Paru chłopaków zaczynało karierę przestępczą i w ciągu ostatniego roku policja odwiedzała naszą wychowawczynię.

Aktor przeprosił, że jest nieprzygotowany. Potem wygłosił krótki speech do nas i naszych rodziców stłoczonych z tyłu sali. Rzecz dotyczyła aktorstwa, ale zawierała ogólniejsze przesłanie.

– W tym fachu – wyjaśnił – trzeba być najlepszym. Jeśli nie jesteś najlepszy, to jakby cię nie było. Pamiętajcie. Szkoda czasu się czymś zajmować, jeśli nie jesteś w tym najlepszy. Nie warto być drugim.

I tak dalej.

Potem przyszła kolej na pytania z sali. Chwila ciszy. Napięcie. Tylko żuchwa aktora poruszała się spokojnie.

– A czy lubi pan grać... – koleś z ósmej B podał imię brodatego bohatera dziecięcej superprodukcji.

– Nie lubię, kiedy mi coś przylepiają do twarzy! – kolejny ruch żuchwy.

– A może pan coś zaśpiewać? – zawołał ktoś.

– A pieniążki, synku, masz? – gwiazdor odpowiedział pytaniem.

Potem się pożegnał i opuścił salę tym samym sprężystym krokiem. Za nim biegła pani dyrektor z kroniką szkoły w ręku.

* * *

Wracaliśmy do domu.

– Co za kabotyn! – powtarzał ojciec. – Co za bzdury wam opowiadał. Powinien wytłumaczyć, że każda rola ma znaczenie. Aktorzy drugoplanowi też są potrzebni. Trzeba szanować ich pracę. Bez nich nie ma filmu.

I tak dalej, gdyż mój ojciec był dobrym i mądrym człowiekiem. Był poczciwy, kiedy słowo „poczciwy" dawało się jeszcze powiedzieć bez ironii. Dlatego się mylił.

Tego dnia, zanim zaczął się kapitalizm, otrzymaliśmy krótki i treściwy wykład zasad, które już wkrótce miały nas obowiązywać. Trzeba być na samej górze. Nie warto stać w drugim szeregu. Szkoda roboty, jeśli inni jej nie zauważą.

Swoją drogą, wielki aktor nie podejrzewał, że jego kariera właśnie minęła swój szczyt. W nowych czasach, które tak trafnie przewidział i scharakteryzował, on sam jakoś wyblakł i stracił blask. Miano go kojarzyć głownie z serialem familijnym, gdzie wcielił się w postać lekko nerwowego, ale sympatycznego, przedstawiciela klasy średniej.

MIESZANKA

Ktoś to jeszcze opisze, wyjaśni i rzuci na szerokie tło społeczne. W latach dziewięćdziesiątych nastąpiła rewolucja w świecie obrazów. Wizualny *ancien régime* został zdmuchnięty, bez negocjacji, bez gadania, samoograniczania. Tu nie było żadnych okrągłych stołów, dzielenia się władzą. Znikały znaki graficzne i winiety gazet. Okładki i serie wydawnicze. Opakowania, marki, produkty.

Przepadli artyści. Nikt już nie słuchał architektów, urbanistów, plastyków miejskich.

To była rewolucja. Chcieliśmy wszystkiego od razu. I żeby było dużo!

* * *

Powstała wtedy Zasada Mieszanki Wedlowskiej. Miała odtąd wywierać wpływ na wszystkie dziedziny życia. Także na projektowanie.

Dawniej pod nazwą mieszanki wedlowskiej kupowano torebkę lub pudełko z dziewięcioma rodzajami cukierków. Każde polskie dziecko wiedziało, że najlepsze z nich są pierroty i bajeczne. Mijały lata. Przetoczyła się wojna. Zmienił się ustrój, fabrykę znacjonalizowano, nadano jej nową nazwę, a kolejne pokolenia Polaków wciąż wyłuskiwały pojedyncze pierroty z szeleszczącego różnoimiennego tłumu.

W 1991 roku fabryka przeszła w ręce zagranicznych inwestorów. Wkrótce jakiś geniusz z działu marketingu wpadł na oczywisty pomysł:

– Spójrzcie na wykres. Czego chcą ludzie? Pierrotów? Dajmy im pierroty. Mnóstwo pierrotów. A kawusie i rekordy – do zwolnienia.

Wkrótce wypuszczono na rynek batony „Pierrot": półroczny przydział cukierków owinięty w jeden papierek. Potem pojawiła się mieszanka złożona z samych pierrotów, co w jakimś sensie podważało sens określenia „mieszanka" i zawieszało rachunek prawdopodobieństwa.

Teraz pierroty można było kupować na wagę. Choćby tonę. Chociaż trzeba przyznać, że mieszanka – w tradycyjnym znaczeniu – nadal była produkowana.

* * *

Zasługujecie na najlepsze – mówił kapitalizm. – Wszystko inne jest niepotrzebne. Za to najlepsze jest nieskończone. Może go być coraz więcej i więcej. Wszystko, co udane, trzeba powtarzać. A potem jeszcze raz powtarzać. I jeszcze. Do znudzenia. Bez końca. Jeżeli coś się kończy, to znaczy, że nie było wystarczająco dobre.

BURGER OBFITOŚCI

Na początku lat dziewięćdziesiątych na Marszałkowskiej, a może na Poznańskiej, otworzył się mały bar pod nazwą „Maksiburger", „Amerburger", czy coś w tym rodzaju.

Dookoła galopowała inflacja i za każdą cyfrą ciągnęła się smuga zer. Plik banknotów można było zamienić na bodaj pierwszego w Warszawie hamburgera. A nawet więcej niż hamburgera. To było marzenie owinięte w serwetkę. Hołd. Wyobrażenie. Wyraz tęsknoty i nadziei.

Spomiędzy ogromnych bułek wysypywały się plastry cebuli, pomidorów, przekrojone papryki, liście sałaty i kapusty, kiszone ogórki. Nie wspominając już o kotlecie. Nawet ziarna sezamu były nadnaturalnej wielkości. Te pierwsze hamburgery przypominały miniaturowe rogi obfitości.

* * *

No, a potem weszła do Polski sieć McDonalds'a.

McDonald's
McDonald's

Internet pamięta, więc ku radości młodzieży można jeszcze znaleźć zdjęcia wykonane podczas uroczystego otwarcia pierwszego baru przy Marszałkowskiej. Zielone fartuchy, nowiutkie koszule personelu, a przy stolikach największe gwiazdy polityki, sportu i sztuki tamtych lat.

Łatwo się śmiać z wyrazu szczęścia na twarzach zebranych gości. Warto jednak wspomnieć historyczny kontekst: w 1992 roku Polska jeszcze nie wstąpiła do NATO ani do Unii Europejskiej. Obecność McDonalds'a stanowiła najmocniejsze potwierdzenie, że należymy do świata zachodniego, gwarancję bezpieczeństwa i list żelazny. Papierowe pudełka z frytkami i malutkie saszetki z keczupem symbolizowały polityczny i cywilizacyjny sukces. Wiem, że to bez sensu, chociaż podejrzewam, że narodowe polisy bezpieczeństwa, które zdobyliśmy w późniejszych latach, są równie wątpliwe.

Same cheeseburgery okazały się natomiast niewiele warte. Kotlet wepchnięty w gąbczastą bułkę, plasterki sera, wiotka sałata – blade echo rozbuchanego amerburgera. Jednakże przed sezamem ustawiały się kolejki, a idealista rękodzielnik wkrótce zwinął interes.

* * *

Myślę, że mamy skłonność, żeby idealizować nową epokę. Jak dzieci na początku roku szkolnego, z kompletem podręczników i czystymi zeszytami, próbujemy odgadnąć, czego sobie życzy pani nauczycielka. Wierzymy, że nasze wysiłki zostaną nagrodzone.

Dlatego najlepsze dzieła – hamburgery i projekty graficzne – powstają wtedy, na początku, zanim odkryjemy właściwe reguły gry i nauczymy się ekonomii wysiłku. Zanim epoka wyjaśni, czego tak naprawdę od nas potrzebuje. A potrzebuje niewiele.

PROBLEM BRZYDOTY (ALBO MISTRZ I UCZEŃ)

W 1991 roku pewien reżyser wymyślił cykl programów pod oryginalnym tytułem *Rozmowy mistrza i ucznia*. W rolę mistrza miał się wcielić pisarz i parlamentarzysta, przedstawiany wówczas jako murowany kandydat do Nobla. Na uczniów wybrano kilku licealistów. Specjalnie zwolniono nas z lekcji.

Autorytet żył na dolnym Mokotowie w ciemnym mieszkaniu z mnóstwem przygarniętych psów. Kiedy kamera szła w ruch, literat nakręcał się jak silnik. Zaczynał powoli, potem wchodził na wysokie obroty, lekko przy tym plując. Wreszcie osiągał pełną moc, grzmiał. Wtedy psy budziły się z drzemki i zaczynały ujadać. Zdjęcia przerywano, sfora cichła, pisarz nieruchomiał. Na dany znak zaczynał od początku i wszystko powtarzało się w tej samej kolejności.

Rozmowa wyglądała tak:

– Rok temu upadł komunizm – zagaił kolega licealista – mamy wolną Polskę, wolny rynek, i w ogóle, to dlaczego dalej jest tak brzydko?

Odpowiedzi nie pamiętam. Zresztą, co autorytet mógł odpowiedzieć? Pewnie to, co zwykle. Że dopiero rok, że trudne reformy, że całe lata zaniedbań. Wkrótce wszystko utonęło w jazgocie sfory. Operator otarł pot z kamery. Psy się uśpiły. Niektóre, po krótkich negocjacjach, udało się wypchnąć do przedpokoju.

– Więc pytałem – podjął kolega – dlaczego...

– Bez „pytałem" – poprosił reżyser – i bez „więc".

– No, ale pytałem, dlaczego w Polsce jest tak brzydko. Na przykład, jak się jedzie WKD, kolega dojeżdżał do szkoły pociągiem, to wszędzie tylko brud i, przepraszam za wyrażenie, syf...

Pisarz zmarszczył brew na znak, że z uwagą wsłuchuje się w pytania młodzieży (z każdą powtórką doskonalił ten wyraz twarzy). Z namysłem zaczął cedzić słowa. Powoli, coraz szybciej... Sygnał dał jednooki kundel drzemiący na kanapie. Tym razem było gorzej, bo część stada, która znalazła się w przedpokoju, próbowała sforsować drzwi. Oprócz szczekania słychać było drapanie pazurów. Wilczur usiłował pożreć klamkę. Mops robił podkop. Reżyser zastanawiał się nad wyjazdem do Górskiego Karabachu.

Drzwi ustąpiły. Zjednoczone stado otoczyło gospodarza, czemu towarzyszyło mnóstwo podskoków i merdania. Potem psy zajęły swoje miejsca. Uspokoiły się i zaczęły przysypiać. Reżyser dał znak.

– Mówiłem o przystankach – przypomniał kolega. – Czy pan w ogóle widział, jaki tam jest...

I w tym momencie stało się coś nieoczekiwanego. Wielki pisarz zerwał się na nogi i wrzasnął:

– Co za menda! Uczepił się tych przystanków jak menda!

Psy zamarły ze zdumienia.

– To się wytnie – zapewnił reżyser. I dotrzymał słowa.

Minęło ćwierć wieku („najlepsze ćwierć wieku w naszej historii"). Kolega wykształcił się na architekta. Kiedy ostatnio z nim rozmawiałem, sprawiał wrażenie sfrustrowanego. Pisarz zmarł, a wkrótce potem został zdemaskowany jako agent i grafoman. Przystanki są teraz znacznie czystsze. Problem brzydoty pozostaje niewyjaśniony.

KRÓTKI KURS ANTYDESIGNU

Dywaniki z filcu stylizowane na ludowe wzory. Pawilon narodowy stylizowany na ludowe wzory. Drewniane zabawki stylizowane na ludowe wzory. Nadmuchiwane meble stylizowane na… Wszystko jedno na co.

Mamy się czym pochwalić. Co prawda, szanse, że nasz tyłek zetknie się z designerskim meblem, są niewielkie. Już prędzej przeczytamy w gazecie artykuł pod tytułem „Polscy projektanci w światowej czołówce" lub – co bardziej prawdopodobne – przesuniemy wzrokiem po nagłówku na którymś z portali: „Światowe ikony polskiego designu. Zobacz galerię". Ktoś pisze takie teksty. Może nawet w to wierzy. Może nawet ma rację.

Jednak to są Himalaje projektowania. Tymczasem żyjemy na nizinach. Siedzimy w tramwajach. Szarpiemy się z drzwiami na strzeżone podwórko, nadajemy paczki i listy. O jakości życia nie decydują najwybitniejsze osiągnięcia designu. Szczerze mówiąc, one są najmniej ważne. O polskim projektowaniu świadczą:

- kwitek na list polecony, który łatwo wypełnić, pod warunkiem że nosimy nazwisko Jan Byk i mamy wzrok jak pilot F-16 z bazy w Krzesinach;
- formularz PIT, z szaro-szarymi polami i mętnym opisem, którego przekaz brzmi: znajdź księgowego, który to wypełni, a potem módl się i krzyżuj palce;
- elementarz szkolny – kolorowy do mdłości, chaotyczny i okraszony portretami uśmiechniętych ofiar eksperymentów genetycznych;
- oznaczenia autostrad, a szczególnie zjazdu na Grodzisk Mazowiecki (naprawdę nie chciałem jechać do Poznania).

Marny lekarz pozostaje lekarzem, przynajmniej dopóki nie straci prawa wykonywania zawodu. Tak samo nauczyciel czy dziennikarz. Nikt nie twierdzi, że artykuły w tabloidach piszą się same. Tymczasem słowo „design" dotyczy wyłącznie produktów wysokiej jakości. Najlepiej od 100 złotych w górę. Reszta, w powszechnym wyobrażeniu, powstała samorodnie. Nikt nie wymyślał kwitków na poczcie. One po prostu są. Nieuchronne jak pogoda. Niezmienne jak klimat. A nawet trwalsze od klimatu, pewniejsze od ustroju, starsze od epoki historycznej.

* * *

Pewnego dnia odbywają się wybory lokalne. Samorząd terytorialny ma skomplikowaną strukturę, toteż wyborcy dostają po cztery karty wyborcze. Stos różnokolorowych papierów z nazwiskami kandydatów i nazwami komitetów. Przy czym jedna z kart jest w istocie książeczką, broszurą formatu A4.

I co się okazuje? Liczba głosów nieważnych przekracza dwadzieścia procent. Na dodatek partia umieszczona na pierwszym miejscu zdobywa zaskakująco wysokie poparcie. Rodzi się podejrzenie, że niezorientowani wyborcy postawili krzyżyk na pierwszej stronie broszury (oddając głos na listę z jedynką) albo na wszystkich stronach (głos nieważny). W sztabie przypadkowych beneficjentów – triumf. Uśmiechnięty lider ogłasza sukces swojego programu. Konkurencyjne ugrupowania dostają szału. W kraju narasta konfuzja i kryzys polityczny. Ktoś sugeruje, że skandalu można było uniknąć, gdyby książeczka miała okładkę lub stronę tytułową. Ktoś inny zwraca uwagę, że instrukcję głosowania wydrukowano zbyt małą czcionką. „Polacy oblali test na inteligencję" – orzeka sławny publicysta i w pewnym sensie ma rację. Państwo sprawdza naszą inteligencję. To nie supermarket, w kontaktach z administracją człowiek musi się pomęczyć.

Ciekawe, że w dyskusji na temat kart wyborczych nie padają słowa „projekt", „design", „layout". Najwyraźniej projektowanie nie ma z tym wydarzeniem nic wspólnego. W Polsce „design" to sfera ludzkiej działalności polegająca na Rzucaniu Świata na Kolana za Pomocą Dywanika z Filcu Inspirowanego Sztuką Ludową.

Widziałem, jak powstają opakowania na chipsy. Obserwowałem, jak powstawał projekt torebki słonych paluszków. Wiem coś o paczkach z gumą do żucia. Dlatego mogę przysiąc, że każdej cebulce, każdemu chrupiącemu plasterkowi bekonu i każdej fali miętowej świeżości poświęca się więcej uwagi niż wzorowi kart do głosowania.

* * *

Urzędnicy nie potrafią zamawiać, oceniać i przyjmować produktów designu. Państwo nie widzi potrzeby sponsorowania tej branży. Gdyby w tym miejscu postawić kropkę, nie byłoby jeszcze najgorzej.

Niestety, Ministerstwo Finansów, które od lat nie zmodyfikowało formularzy podatkowych, wyskrobało parę groszy i zamówiło sobie logo: stylizowane litery m oraz f. Szarość, czerwień plus efekt nakładania kolorów.

Resort sportu pieczętował się znakiem przedstawiającym kolorowego ludzika. Pojedyncza postać mogła budzić zdziwienie, biorąc pod uwagę ostatnie sukcesy w grach zespołowych, toteż kolejny minister dokonał zmiany, ludzika zastąpiły dwa splecione bumerangi.

Ministerstwo Zdrowia machnęło sobie monogram w postaci urwanego elektrokardiogramu. Ministerstwo Kultury – skromny napis okraszony kwadratową kropką (żywe świadectwo inteligenckiego minimalizmu). Najlepszy jest resort środowiska z nastrojowym pejzażem:

zieloną górą i i niebieską rzeką (lub jeziorem). We wcześniejszej wersji nie brakowało nawet słoneczka.

Karty do głosowania już się drukowały, gdy przez kraj przetaczała się dyskusja nad nową marką dla Polski. Debatowano, która kombinacja czerwonych linii, najlepiej wyraża energię i dynamizm cechujący obywateli naszej ojczyzny. Właśnie od tego są projektanci.

* * *

Były wicepremier udziela wywiadu. Zacny jegomość już dawno nie odgrywa żadnej roli politycznej, toteż zaczyna go otaczać pewien szacunek. Pojawia się niejasne wrażenie, że kiedy był u władzy, wszystko szło lepiej. A jeśli nawet nie, to bez znaczenia. Praktyczne klęski dodają powagi teorii. W rozmowie słusznie wychwala fabrykę produkującą tramwaje. Mówi:

> Ludzie z PES-y (...) ruszyli na uczelnie, i zaczęli ściągać m.in. designerów tuż po ASP. Wymyślili, że będą produkować wagony ładniejsze od włoskich i sprzedawać je na całym świecie.

Niestety, kluczowe słowo brzmi „ładniejsze". Ekspercki paluszek wskazuje zadanie. Fachowcy z ASP mają zadbać o to, żeby tramwaj ładnie wyglądał. Były premier nie oczekuje, że wymyślą lepszą formę. Upchną w środku więcej pasażerów. Wygodniej ich rozsadzą. Bezpieczniej przewiozą. Oszczędzą trochę energii lub materiału. Niech zrobią, żeby tramwaje były ładniejsze od włoskich. Najładniejsze w Europie. Najlepiej dodać wzory z parzenic i pantograf w kształcie kaszubskiej lelujki, a świat runie na kolana. Może nawet „The Economist" coś o tym napisze.

Nad polskim projektowaniem wisi klątwa ładności.

– Pan zrobi, żeby wyglądało.

– Z fontów najbardziej lubię antykwę – ogłasza prezes.

– I jakieś ciekawsze kolory poproszę.

* * *

Z designem jak z policją. Nigdy go nie ma tam, gdzie jest najbardziej potrzebny. Wspomniane wcześniej obiekty, karty wyborcze, formularze i podręczniki nie są przykładami złego designu. One pochodzą z innego porządku. Są owocem antyprojektowania, antydesignu. Design to proces. Antydesign jest stanem. Grzęzawiskiem, w którym pogrążają się klienci, wykonawcy i odbiorcy. Antydesign jest postawą, sposobem myślenia, stosunkiem do świata. Obojętnością, lenistwem, marznącą mżawką, infekcją bakteryjną, korpusem urzędniczym. Ma swoje zasady, głupie i wewnętrznie sprzeczne, jak sam antydesign.

– Potrzebujemy logo i księgi znaku. Wie pan, żeby była wersja podstawowa i ozdobna, pola ochronne, wielkość minimalna, kolorystyka – powiedziała pewna klientka.

– A formy niedozwolone?

– Formy niedozwolone wymyślimy sami!

* * *

Oto jedenaście zasad. Niechlujnych, głupich, wzajemnie sprzecznych i niepotrzebnych – jak cały antydesign.

- Przyzwyczajenie jest ergonomią dla ubogich. Ludzie przywykną do wszystkiego. Powtarzaj słowa przewodniczącego Deng Xiaopinga: „Nieważne, czy kot jest biały czy czarny. Ważne, żeby łowił myszy". Pamiętaj, że kolor jest nieważny. Kot jest nieważny. Myszy są nieważne. Nawet łowienie jest nieważne. „Nieważne" i „wszystko jedno" – to motto antydesignu. Ludzie przywykną.
- A w ogóle, są ważniejsze sprawy (nie musisz wymieniać, jakie).
- Nie dbaj o szczegóły.
- Myśl wyłącznie o szczegółach. Najlepiej o jakimś jednym szczególe.
- Pozwól się zaskakiwać problemom. Od tego są.
- Nie poprawiaj błędów. Wymyślaj nowe.
- Łam reguły. Wprowadzaj je tylko po to, żeby je złamać. Łam je wyłącznie po to, żeby pokazać, że tobie wolno więcej.
- Ceń intuicję. Mówiąc o projekcie, używaj formuły „nie znam się na tym, ale...". Twoja ignorancja jest złotym kluczykiem do władzy.

- Kieruj się gustem, nie rozsądkiem. Najlepiej cudzym gustem. Przy każdej okazji powołuj się na opinie osób trzecich. Jeśli pokazujesz projekt żonie i trzem kolegom z biura, nazywaj to fokusem.
- Domagaj się ozdób i dekoracji. Domagaj się efektu „WOW". Wspominaj o efekcie „WOW" przy każdej okazji. Mów też „nie powala" oraz „dupy nie urywa". W ogóle sprawiaj wrażenie, że celem projektu – jeżeli już się go zamawia – powinno być spowodowanie ciężkich obrażeń cielesnych.
- Dbaj tylko o to, co widać. Każda złotówka i euro wydane na projekt muszą być widoczne z daleka. Wszystko, co schowane pod linią wodną, jest nieważne (nazywamy to „zasadą Titanica").

* * *

A jeśli jesteś projektantem, zgadzaj się na to wszystko. Najlepiej z uśmiechem. Droga do artystycznej klęski usłana jest sukcesami, jak mówił… (nie wiem, kto, ale ktoś na pewno już to powiedział).

LOGOSKI

Logosy. Logoski. Loginki. Logokupki. Polszczyzna przyjęła wyraz logo. Przygarnęła do piersi, nadała sto czułych zdrobnień i łobuzerskich przydomków.

– Gdzie są nasze logosy! – piszą klienci.

– Nasz login powinien być większy!

– Dużo większy.

– Dużo większy i umieszczony w lewym górnym rogu.

A czasami piszą tak:

W sprawie logosów partnerów medialnych. Ponieważ nasz tygodnik „Wspak" jest medium sześć razy większym od miesięcznika „Ergo", więc proszę o powiększenie logotypu „Wspak". Sześć razy. I żeby był w górnym lewym rogu.

* * *

Na przełomie tysiącleci znalazłem się na konferencji. Było tam dużo osób w garniturach, termosy z kawą oraz zagraniczny gość. Guru. Człowiek, który wymyślił markę Orange i logo w postaci oranżowego kwadratu.

Malewicz brandingu nosił rogowe okulary i ogromną muchę (wystudiowany wizerunek podkradł Le Corbusierowi). Jeździł po świecie, projektując marki narodowe. Pamiętam, że Portugalii zaproponował hasło „Gdzie Atlantyk spotyka Europę" i wystarczyło spojrzeć na mapę, by docenić trafność przewodniej idei narodowego przekazu.

W Warszawie pokazywał slajdy i tłumaczył, że kraj musi zainwestować w jego usługi. Mówił przy tym wiele o polskiej kreatywności, energii zmian i twórczym napięciu, które należy przedstawić światu za pomocą odpowiedniego znaku, przekazu i narracji.

Przemawiał w uniesieniu. Z charyzmą. Wyrzucał mnóstwo słów i nawet początkujący synesteta dostrzegał, że wszystkie słowa mienią się pomarańczem i czerwienią.

Poczułem, że dzieje się coś magicznego... Pod wpływem energetycznych wibracji obcy ludzie zgromadzeni na widowni stali się jednością. W milczeniu, nie patrząc po sobie, nie mrugając, osiągnęliśmy całkowite, głębokie, wszechogarniające porozumienie. Urzędnicy, działacze, reklamiarze – teraz byliśmy jednym organizmem. Jak na mszy za ojczyznę. Albo demonstracji w stanie wojennym.

Wiele nas różniło. Wiek. Wykształcenie. Wysokość przyszłej odprawy i poglądy polityczne. Ale jest pewien poziom pozytywnego myślenia, którego żaden Polak nie zaakceptuje. Siedzieliśmy w słuchaweczkach lub bez słuchaweczek, z przylepionymi uśmiechami.

Przyczajeni jak wielogłowy drapieżnik. Patrzyliśmy, jak niczego nie przeczuwając, antylopa zbliża się do wodopoju, poprawia muszkę, wykonuje ukłon, bierze łyczek nałęczowianki. Brawo, brawo, błysk okularów...

Wreszcie:

– Czy są może jakieś pytania?

Wtedy nastąpił atak. Nie. Nie zadawaliśmy pytań. To raczej były opinie i uzupełnienia. Nawet nie pamiętam, co opowiadaliśmy temu nieszczęśnikowi. Może coś o polityce, o trudnościach we współpracy z administracją rządową, o krzywych chodnikach, o pogodzie? Pomarańczowe bańki pękały. Antylopa zawyła. Wychodząc z prezentacji, guru rzucił, że powinniśmy popracować nad naszym podejściem:

– Inaczej będzie wam trudno tutaj żyć!

Jakbyśmy nie wiedzieli.

* * *

Facet wydreptał w końcu to zlecenie i jego firma zarobiła swoje ileś tam euro. Jednak z powodu sporów, dyskusji, zmieniających się koncepcji i politycznych napięć proces projektowania rozciągnął się na lata. Minęła dekada, nim zaprezentowano gotowe logo w kształcie czerwonej sprężynki. Guru tego nie dożył, toteż była mu oszczędzona ogólnonarodowa szydera, która się rozpętała, gdy Polacy zobaczyli swój znak w internecie. Cóż, odkąd rozpowszechniły się memy, projektowanie przestało być bezpieczne.

* * *

Identyfikacja wizualna to elegancka forma obsikiwania terytorium. Rządy wspierają eksport, turystykę i wymianę kulturalną, toteż chcą mieć logo, którym zaznaczą swój rewir. Jednak polskie logo narodowe powstawało zbyt długo. Gdy wreszcie się objawiło, zostało powitane niczym Rip Van Winkle. Przybysz z przeszłości. Wspomnienie lat dziewięćdziesiątych.

Przed kryzysem, w blasku transformacji ustrojowej, można było wierzyć, że biznes jest najdoskonalszą formą ludzkiej działalności. Racjonalizmu. Organizacji i zarządzania. Korporacja wydawała się niedościgłym wzorem dla instytucji, uczelni, organizacji. Sprofesjonalizuj się! Zrób to *businesslike* – zachęcano (a słownik wyjaśniał: efektywnie i skutecznie).

Podejrzewam, że stąd się brało uczucie, którym obdarzyliśmy logo. Kolorowy znaczek okazał się przepustką do kapitalizmu. Każdy resort, departament, urząd gminy i szkoła chciały mieć logo. Na naszych oczach mleko przestało być białą cieczą w szklanych butelkach. Teraz prosiliśmy o łaciate. Muczące. Mleko z żółtym korkiem. Z czerwoną zakrętką. Na opakowaniach ryżu pojawił się starszawy Afroamerykanin. Torebki z mąką okryły się wizerunkami wiatraków. Wszystko jest marką – nauczali specjaliści – Cukier. Mąka. Mydło. Woda w butelkach, miasto i państwo.

Wszędzie były logoski. Logotypki. Nasze kochane. Zadbane. Pielęgnowane.

– Nasz login powinien być większy!
– Dużo większy i w lewym rogu.

* * *

Działy marketingu z wzruszającą gorliwością pilnują, żeby logoski rzucały się w oczy. W rezultacie plakaty przypominają akt Unii Lubelskiej, obwieszony u dołu kiściami lakowych pieczęci. Może o to chodzi. Logo stało się wyrazem szlacheckich tradycji. Zastąpiło herb. To znaczy: mamy je naszyte na liberiach.

PAUL RAND, NASZ RODAK

W swoim czasie Steve Jobs kazał wydrukować plakat z podobizną Paula Randa i napisem *Think different*. Na innych plakatach z tej serii widnieli Mahatma Gandhi, Thomas Edison, Pablo Picasso czy Jim Henson.

Paul Rand pochodził z Brooklynu. Gdyby jego rodzice nie wyjechali do Ameryki, gdyby urodził się w Europie, gdyby przeżył Holokaust i gdyby... Trochę dużo tych „gdyby", ale w jakimś alternatywnym wariancie Rand mógłby zostać polskim plakacistą.

Miał wszystko, czego trzeba: ironię, wyczucie litery, rękę. Łatwo go sobie wyobrazić, jak projektuje awangardowe okładki dla wydawnictwa Prasa Wojskowa. Dekoracje na Pierwszego Maja. Ilustracje dla Naszej Księgarni, plakaty dla WAG-u, Orbisu i Centrali Wynajmu Filmów. I oczywiście cały czas zawzięcie rywalizuje z Henrykiem Tomaszewskim.

* * *

W Ameryce stał się symbolem tworzenia symboli. Panem Logo. Ulubieńcem wielkich korporacji, IBM, UPS,

ABC, Westinghouse... Jego znaki, raporty roczne i plakaty układają się w historię złotych lat korporacyjnej Ameryki. Tę historię, którą chce się pamiętać. Akcje idące w górę. Białe domki klasy średniej. Nowe fordy na podjeździe. Płatki śniadaniowe na stole.

Podobno równoległe paski logo IBM były zainspirowane wyglądem czeku. Najprzyjemniejszej części czeku, pola, gdzie wpisuje się kwotę.

Rand potrafił nadać firmowym znakom nowoczesny sznyt w czasach, kiedy nowoczesność była jeszcze nowa, niezmęczona, wyrażała się prostotą. Używała Helvetiki albo Futury. Barw podstawowych. Prostego rysunku.

Jednak najsłynniejszy projektant graficzny Ameryki miał w sobie coś środkowoeuropejskiego. Potrafił przemycić molekułę poczucia humoru i sceptycyzmu. Oczywiście w projektach dla wielkich koncernów nie ma miejsca na sceptycyzm... Najwyżej na lekki, prawie niewyczuwalny powiew ironii. Tyle, żeby zachować zdrowy rozsądek i nie popaść w gigantomanię. Spójrzcie na paczkę owiniętą sznurkiem w znaku UPS, albo trzy kaczuszki w inicjale Tipton Lakes.

Paul Rand lubił proste formy. Dziecięce rysunki. Wycinanki. Dawał biznesowi znaki firmowe, ale dbał, żeby w korporacyjnej identyfikacji zostało coś ludzkiego. Obiecywał, że rzeczywistość da się zrozumieć.

Był przy tym fantastycznie pewny siebie. Prezentując projekt, wręczał klientom specjalne broszurki opisujące przebieg procesu twórczego. Żadnych wahań, alternatyw, wersji. Żadnych „koncepcji do wyboru”.

Na kilkunastu stronach, używając obrazków i minimum tekstu, pokazywał swoją – wielkiego Paula Randa – drogę do celu.

* * *

Umierając w 1996 roku, zabrał z sobą czasy optymizmu. Wkrótce wszystko zaczęło się psuć. Jeden z ostatnich znaków Rand zaprojektował dla korporacji Enron.

W 2001 roku Enron zbankrutował i wyszło na jaw, że księgowi i audytorzy ukrywali gigantyczne straty. Zrobił się skandal, telewizja bez końca pokazywała wejście do jaskini zbójców, biurowiec i pomnik z logo firmy: gustownym bezszeryfowym E, nachylonym pod kątem 45 stopni.

SUM

Ponieważ czasu jest mało, a śmiesznych kotków tak dużo, ponieważ odbieramy maile, słuchamy radia, przeglądamy Facebooka, rozmawiamy przez telefon, ponieważ nasz mózg jeszcze nie całkiem przestawił się na wielozadaniowość, więc – o czym to ja miałem? O trudnościach z koncentracją. Oraz o tym, że najlepszą formą przekazywania myśli jest lista. Już Mojżesz to rozumiał.

Zawsze chciałem zebrać mądre i pożyteczne uwagi na temat projektowania, które zdarzyło mi się usłyszeć w różnych miejscach i sytuacjach.

Oto niektóre z nich:

1

„Wszystko jest skomplikowane" – to motto mojej firmy, znane także jako Klątwa Hydraulika.

Istnieje legenda miejska, że jeśli pewnego dnia hydraulik spojrzy na kolanko i powie: „drobiazg, zaraz naprawimy", to rozlegną się trąby archanielskie i niechybnie nastąpi koniec świata.

Na szczęście nieprędko usłyszymy te słowa. Hydraulicy i projektanci wiedzą, że nic nie jest proste. Nawet zaprojektowanie wizytówki wymaga uwagi i namysłu. Jeśli ktoś twierdzi inaczej, to

- jest mistrzem zen,
- nie przeanalizował dokładnie problemu.

2

Nic nie jest proste i *Wszystko jest skomplikowane* to także tytuły dwóch albumów rysownika Jeana-Jacques'a Sempégo (tego od Mikołajka). Jeden z kolejnych tomów nosił tytuł *La grande panique*.

3

„Dziwny mamy zawód".

Tak powiedział mój szef w pierwszej pracy. Robiliśmy projekt dla firmy telekomunikacyjnej. Po czternastu godzinach przy komputerze i Bóg wie ilu korektach, przedstawiciele marketingu wciąż dzwonili, że słoneczko jest nie dość wesołe, że ma ironiczny wyraz twarzy, pogardliwie wykrzywia wargi itd. Przez czternaście godzin poprawialiśmy uśmiech słoneczka. Dziwny zawód.

Od tego czasu zdobyłem dużo doświadczenia. Brałem udział w dyskusjach na temat wyrazu twarzy nosorożca („ma wyglądać jak władca, ale dobry i sprawiedliwy") i charakteru jaszczurek. Wygładzałem zmarszczki. Odchudzałem. Usuwałem ze zdjęć rozstrzelanych członków politbiura... A nie, to nie ja. Za to bez mrugnięcia okiem odpowiadałem na maile treści:

> Laptop powinien się ładniej uśmiechać. Teraz jego uśmiech wygląda jak tory kolejowe i kojarzy nam się z filmami grozy.

Wiem jedno: tego zawodu nie należy traktować zbyt poważnie.

4

A poza tym do projektantów stosują się słowa weterynarza Siegfrieda Farnona, bohatera cyklu *Wszystkie zwierzęta małe i duże*:

> Śmieszny jest nasz zawód. Daje tyle niezrównanych okazji, by się zbłaźnić. (...) [B]ardzo pomaga bycie dobrym fachowcem w tej dziedzinie, ale nawet jeśli jest się geniuszem, upokorzenie i śmieszność czyhają na każdym kroku.

No, właśnie.

5

„Wypisane flamastry trzeba wyrzucać" – tę mądrość zawdzięczam pewnemu typografowi. Strasznie go irytowało, że ludzie nie wyrzucają wypisanych cienkopisów, długopisów i flamastrów. Trzymają na biurkach całe stosy bezużytecznych przyborów, a i tak nie mają czym zapisać numeru telefonu.

Wypisał się? Won do kosza.

Myślę, że można tę zasadę traktować metaforycznie.

6

> [J]eżeli ktoś używa zmielonej kawy w puszce, radzę kupować ją w małych ilościach i często zmieniać gatunki. Podobno pierwsza filiżanka nowego gatunku kawy jest tym, czym dla palacza pierwsze zaciągnięcie się dymem ze świeżo zapalonego cygara.

Tak napisała Nela Rubinstein w swojej książce kucharskiej. To samo powiada mój wspólnik. W projektowaniu trzeba zmieniać. Narzędzia, techniki, style.

7

„Nawet w najbardziej zużytej konwencji da się powiedzieć coś nowego" – powiadał mój kolega Andrzej J. To prawda. Nic się nie kończy. Najbardziej zużyte, opatrzone i banalne środki mogą się złożyć w nowy oryginalny projekt.

8

Oczywiście, punkt 7. jest sprzeczny z punktami 5. i 6. W tej sprzeczności wyraża się ważna myśl na temat designu.

9

A w ogóle to trzeba się uczyć. Zawsze i od wszystkich. Od tych, którzy wiedzą. Od tych, którzy nie wiedzą. Od tych, którzy nie mają pojęcia, ale jak na złość – mają rację.

Uczyć się od przyjaciół i od wrogów (niech będzie z nich jakiś pożytek). Od młodszych. Od starszych. Od klientów, kolegów, przypadkowych przechodniów.

10

„Nas wszystkich jakoś i na ogół / Uczono gdzieś tam, czegoś tam"… Najlepszą lekcję projektowania odebrałem od pewnej hrabiny.

Oto, jak do tego doszło. Gdzieś w Polsce, wśród łąk i mokradeł, toczyła swe wody leniwa rzeka. Było cicho, czysto, rzadkie gatunki ptaków brodziły w trawie, toteż działacze samorządowi postanowili zainwestować w turystykę i zamówili logo.

W ten sposób znalazłem się na najbardziej niezwykłej prezentacji w życiu. Salę wypełniał tłum wójtów.

Na stołach leżały produkty kuchni regionalnej.

Projekty wysłaliśmy już wcześniej, pocztą. Teraz pokazaliśmy przezrocza. Wygłosiłem speech. Potem zapadła cisza. Wójtowie patrzyli po sobie, trącali się łokciami, szeptali coś pod nosem.

– Może pani hrabina by zechciała? – zaproponował któryś.

– Właśnie – podchwycili inni. – Pani hrabino, prosimy, niech pani hrabina coś powie.

Hrabina podniosła wzrok. Była to starsza pani o surowym wyrazie twarzy. Później się dowiedziałem, że większość życia spędziła na emigracji, ale po upadku komunizmu wróciła na ojczystą ziemię i odzyskała rodzinny majątek.

– Pani hrabino, a co pani o tym sądzi?

– Ciii, pani hrabina nam powie.

– Nic nie powiem – odparła. – Ja się nie znam, ja się nie interesuję. Ale ja to pokazałam mój monsz. Mój monsz, on jest Anglik. I mój monsz, Anglik, popaczył i powiedział: to jest fish. Riba. Riba to jest morze. Tutaj nie ma morze. Nie ma morze, nie ma riba, nie ma sens!

– Pani hrabino, ale to jest sum, w sensie, taka nasza ryba lądowa.

– Nie ma riba lądowa! Riba żyje w water.

– W sensie, śródlądowa.

– Rzeczna ryba, pani hrabino… U nas takie mieszkają. Największe to były zaraz po wojnie, jak się wypasły na trupach… Dziadek opowiadał, że łowili…

– I co? – zaoponował ktoś. – Będziesz opowiadał turystom, że się sumy wypasły na trupach?

– Ale wędkarzom?

– Dziadek raz złowił takiego suma, że…

– Panowie, ja was proszę, bez dyskusji – przerwała dziedziczka. – Sum to jest riba. Riba to jest sea. Tutaj nie ma sea. Nie ma sea, nie ma riba, nie ma sens.

– A ten drugi projekt, pani hrabino? Ten ze słoneczkiem?

– Ja się na tym nie znam, ja nie jestem designer – rzekła hrabina. – Ale ja to pokazałam mój monsz. On jest Anglik. I mój monsz, Anglik, on powiedział: sonce to jest sun. Sonce to jest plaż. Plaż to jest sea. Tutaj nie ma sea. Nie ma sea, nie ma sonce, nie ma sens.

– A ten latawiec?

– Co wy mnie tak pytacie? Ja się nie znam, ja się nie interesuję. Mówiłam, ja nie jestem designer… Ale ja to pokazała mój monsz. Mój monsz, Anglik, popaczył i powiedział: latawiec to jest plaż. Plaż to jest sea. Tutaj nie ma sea. Nie ma sea, nie ma sonce, nie ma sens.

– A piłka? Mnie się nawet podoba, taka kolorowa… – spróbował któryś wójt.

– Mój monsz, Anglik, powiedział: piłka to jest plaż. Plaż to jest sea. Tutaj nie ma sea. Nie ma sea, nie ma sonce, nie ma sens.

– A ten taki z niedźwiedziem?

– Mój monsz, Anglik, popaczył i powiedział: tutaj nie ma Rosja.

* * *

Często sobie powtarzam te słowa:
Nie ma sea.
Nie ma riba.
Nie ma sens.

DZIEWIĘĆ SZTUK FLAGI

– Ile lat pracuje Pani w tej szkole?
– Dwadzieścia dwa lata.
– Czym się różni obecny budynek szkoły od tego, w którym Pani zaczynała pracę?
– Nie była taka kolorowa, jak obecnie, trzeba było robić dużo kolorowych dekoracji.

Wywiad z panią wicedyrektor.
Gazetka szkolna „Cyprianek", nr 1/2014

Sprawa koloru jest głęboko polityczna. Bury PRL i Komunistyczna Szarość – to ciągle powtarzane określenie słusznie minionej epoki. Kiedyś w tej roli występowała zbitka „koszmarne czasy sanacji".

Znalazłem ostatnio wzornik kolorów „Farby suche" z 1958 roku. Na tytułowej stronie chwieje się cała drabina instytucji:

Wydawca: Ministerstwo Przemysłu Chemicznego.
Centralny Zarząd Zbytu.
Biuro Zbytu Farb i Lakierów.

Wyobrażam sobie naradę w KC, podczas której towarzysz Gomułka, siorbiąc kawę ze szklanki, żółtym od papierosów paznokciem stuka w odpowiedni odcień... Co by tu wybrać?

- Szara barowa S/18
- Umbra surowa żółta F/13

- Ochra jasna olejna F/5 (do robót wewnętrznych, do zapraw wapiennych, do wyrobu tworzyw sztucznych i wyrobów cementowych) światłotrwała i odporna na wpływy atmosferyczne.

Paznokieć dźga próbkę. I już od morza do Tatr odpowiednie służby przemalowują mury, dachy, ciężarówki „Star" i kadłuby statków na pochylniach.

* * *

Szarość była stopniowalna. Miała swoje kręgi. O jednym z ostatnich opowiedział Arsienij Roginski, rosyjski historyk, przewodniczący Memoriału, a kiedyś dysydent. Opowiadając o łagrach (siedział w latach siedemdziesiątych i osiemdziesiątych), wspominał:

> Obóz jest koszmarny, bo tam wszystko jest w kolorze twojego buszłata. Szare. Z jaką pasją wycinałem kiepskie, ale kolorowe ilustracje z „Ogonioka"! Błagałem, by z wolności przysyłano mi kolorowe pocztówki. (...) Przychodzili zeki – dzicy, twardzi ludzie, i z tęsknotą patrzyli na te obrazki.

* * *

Pierwsza klasa, plakatówki „Astra". Zmieszajcie żółtą i niebieską, mówiła pani. Zmieszajcie żółtą i czerwoną. Czerwoną i niebieską. Patrzcie, co się stanie.

I rzeczywiście, na naszych oczach brudnożółty zamieniał się w brudnozielony.

Zachęceni sukcesem, próbowaliśmy czegoś bardziej spektakularnego. Logicznie biorąc, więcej farb powinno dać lepszy efekt, więc dorzucaliśmy wszystko, co było pod ręką. Niestety. Niezależnie od kolejności mieszania i użytych składników, na końcu zawsze otrzymywaliśmy ciemną maź i wkrótce klasa tonęła w szarym błocie. Strugi ściekały z ławek na podłogę. Przemoczone kartki zwijały się w rulony.

A potem dzwonili na przerwę.

– W przyszłym tygodniu przynieście kredki – wzdychała pani.

Płynął z tego morał kolorystyczny: szarość to suma wszystkich podjętych decyzji. Na skali barw zajmuje miejsce nazywane „i tak wszystko jedno" („wyjdzie na to samo").

Szarość jest beznadziejna i bezpieczna. Zapewnia, że na nic nie mamy wpływu.

Kolory niosą ryzyko, w ich świecie jesteśmy jak więzień po długim wyroku, wolni i niedostosowani.

* * *

Powszechnie wiadomo, że rzeczywistość nabrała kolorów natychmiast po exposé premiera Mazowieckiego... Jak na trikowych zdjęciach: premier przemawiał, a szare ulice rozświetlały się tęczą (wolną jeszcze od genderowych skojarzeń).

Dlatego dzisiaj dziennikarz, zmuszony do pisania rocznicowego artykułu, kropi tekst o tym, jak ulice nabrały kolorów. Przy okazji podkreśla przedsiębiorczość Polaków, którzy przywozili te śliczne kolory z Berlina, kładąc podwaliny pod wolny rynek i nową klasę średnią.

Pamiętam to inaczej. Pierwszy etap kapitalizmu to łóżka polowe, na których sprzedawano mięso bez kartek. Latem 1989 roku śródmieście Warszawy wyglądało jak ogromny lazaret. Nad krwawą wołowiną pochylali się miłosierni sprzedawcy, odganiając stada much za pomocą zielonych witek zerwanych w parkach i na skwerach.

Inwazja barw nastąpiła później, po zaspokojeniu elementarnych potrzeb. Zaczęła się od elewacji hotelu Sobieski. I reklamówki, w której wykorzystano stary przebój *Chodź, pomaluj mój świat*.

* * *

Kilka lat temu odbyłem niezapomniane spotkanie. Poszliśmy ze wspólnikiem, żeby wysłuchać briefu (po co tyle pisać, lepiej się spotkać – to jedno z ulubionych haseł klientów).

– Założenia projektu? – zagaił dyrektor czegoś tam państwowego. – Panowie, to wy jesteście artystami, proszę mnie nie pytać. Ma być ładnie.

Zapytaliśmy o szczegóły. Westchnął i pokręcił głową. Że też ludziom trzeba tłumaczyć najprostsze rzeczy.

– No, ale skoro już panowie prosicie, to mogę wam to ogólnie naświetlić. Po pierwsze: nie to jest ładne, co jest ładne, tylko to, co się komu podoba. Mnie osobiście podoba się malarstwo olejne, a szczególnie koń w galopie… Inne rzeczy też, ale najlepiej, kiedy artysta namaluje konia w galopie. Na urodziny dostałem od małżonki takiego konia.

– Wszystkiego najlepszego.

– Natomiast jeżeli chodzi o kolory, to nie wiem, jak panowie, ale prawdziwy mężczyzna rozróżnia tylko trzy. Ja osobiście znam tylko podstawowe: czerwony, zielony i ewentualnie niebieski.

Opinię, że mężczyzna nie zna się na kolorach, słyszałem jeszcze wiele razy.

* * *

W 1958 roku Olgierd Budrewicz zacytował opowieść Henryka Tomaszewskiego:

> [P]rzed wojną jeden z producentów pasty do zębów zamówił u mnie projekt mający reklamować jego wytwory. Zrobiłem i zaniosłem na Żabią. Woźny otworzył, pan dyrektor rękę podał i – ogląda. W jego oczach widzę absolutny brak zachwytu. Pokazuje piszącej na maszynie sekretarce i pyta o jej zdanie. Panna Zosia krzywi się i oświadcza, że wizja artysty do niej nie przemawia. Zapytuję, czy może wyjaśnić, dlaczego. – A bo ja nie lubię

zielonego koloru... – To ja wtedy wziąłem projekt, przeprosiłem za zabranie cennego czasu i oznajmiłem, żeby mnie pocałowali gdzieś, po czym wyszedłem.

Niemal identyczną anegdotę opowiedział jeden z bohaterów *Wanny z kolumnadą* Filipa Springera. Sekretarka, prezes, projektant. Przez osiemdziesiąt lat niewiele się zmieniło, tylko nikt już nie trzaska drzwiami.

Prezes spółdzielni mieszkaniowej mówi Springerowi tak:

– W radzie osiedla mamy kilka osób, które czują kolor. To głównie panie. Zaufaliśmy im i nie żałujemy.

Najwyraźniej dobór kolorów jest jednym z tych zadań, które patriarchat zawsze chętnie powierza kobietom.

* * *

Grafik, który wdaje się w dyskusje na temat barw, stoi na przegranej pozycji. Dwadzieścia lat moich rozmów z klientami wszelkich płci da się streścić w ten sposób:

- Zielony – nie jesteśmy ekologami.
- Żółty – nic nie widać.
- Różowy – hi, hi.
- Czerwony – precz z komuną.
- Fioletowy – czy to ciemnoróżowy?
- Beżowy – brudny.
- Szary – szary.

- Brązowy – gówno.
- Czarny – smutny. Chociaż trzeba powiedzieć, że wygląda elegancko. Zwłaszcza w połączeniu ze złotym. Ale jednak trochę za ponuro. Może lepiej dać ciemnozielony?

Są też połączenia, które wywołują natychmiastowy protest:

- Żółto-czerwony – przecena w supermarkecie.
- Czarno-czerwony – nadchodzą ukraińscy nacjonaliści.
- Żółto-zielony – jajecznica ze szczypiorkiem!
- Wszystkie? – tęcza? A kysz!

Wydawczyni podręczników z przekonaniem twierdziła, że czarne literki wprawiają dzieci w przygnębienie. Domagała się, żeby w jej książkach Alę oraz inwentarz opisano za pomocą zielonej czcionki (unikatowe rozwiązanie, które miało być kolosalnym atutem na rynku).

Ostatecznie broni się tylko pomarańczowy (bo taki nowoczesny i energetyczny) oraz burgund i kolory pastelowe. Dlatego przy projektowaniu kluczową sprawą jest sprytne nazywanie kolorów. Drobna podpowiedź: jeśli chcecie, żeby klient zgodził się na coś czerwonego, zawsze mówcie „burgund”.

Dlatego najlepsi poeci pracują dla producentów farb. Oto mała próbka twórczości z oferty firmy Dulux:

- Szelest traw
- Tajemnica gejszy
- Atlantycka przygoda (To chyba ma jakiś związek z naszą polityką zagraniczną?)
- Orszak faraona (Orszak w kamizelkach pracowników drogowych)
- Niewinny róż
- Spokojny róż (Spokój jest jakby przybrudzony).
- Kawa z przyjacielem (Widocznie kawa bez przyjaciela ma inny kolor. Nie mówiąc o kawie z wrogiem).

* * *

Istotą pastelozy – opisanej przez Filipa Springera zmory polskich miast – nie jest dokonany wybór, lecz lęk przed dokonaniem wyboru. Administracja osiedla XXX-lecia Pontyfikatu nie zdecyduje się na jeden rodzaj tynku. Zbyt duże ryzyko. Bezpieczniej namalować pasy, trójkąty i romby w pastelowych odcieniach, które będą na tyle blade, że nikt się nie przyczepi.

Dlatego narzekania estetów, pouczenia, skargi dają rezultat odwrotny do zamierzonego. Potęgują lęk społeczeństwa i wywołują reakcję obronną inwestorów. Więcej odcieni. Więcej pasów. Więcej pasteli. Nazwałbym to błędnym kołem barw.

* * *

Przyjaciel malarz mieszka w starej kamienicy na Woli. Jakiś czas temu lokatorzy postanowili wyremontować klatkę schodową. Starszych i nieletnich zwolniono z obowiązku. Reszta podzieliła się zadaniami. Czyścili, pucowali, zdrapywali starą farbę. Szorowali długo. Zeskrobali PRL i wojenną spaleniznę, aż wreszcie dotarli do warstw z czasów rewolucji przemysłowej. Potem, w słabym świetle żarówki, balansując na zbyt niskich drabinach, kładli nowy grunt. Pracowali ramię przy ramieniu. Nikt nie zerkał na zegarek. Nie pytał o wynagrodzenie.

Aż przyszedł czas wybierania nowego koloru. Wybór był zresztą dość ograniczony, ponieważ konserwator zabytków zalecił coś pomiędzy beżem a musztardą sarepską. W grę wchodził więc odcień nazwany przez producenta farb „Fokstrotem w świetle księżyca" lub „Karmelowym swingiem". I chyba karmelowy swing oburzył sąsiadkę z pierwszego piętra.

– Wygląda jak kupa – oświadczyła.

– Proszę państwa – odezwał się kolega malarz. – Przypominam, że dobieramy farbę do kafelków. To jest ochra.

– Nie zgadzam się! – uparła się pani z pierwszego.

– A widziała pani kiedyś Rembrandta? – wrzasnął kolega malarz.

– A pan widział gówno?

– To może „Szczyptę cynamonu" – ktoś pojednawczo zamachał wzornikiem.

– Nie pozwolę obrażać Rembrandta!

W tym momencie sąsiad z trzeciego dokonał coming outu.

– Jestem daltonistą – oświadczył – i uważam, że powinniśmy dać zielony albo wiśniowy.

– Przecież to do kafelków ma pasować – przypomniał strażnik z drugiego.

– No właśnie! – ucieszył się daltonista.

Ludzie, którzy jeszcze przed chwilą zgodnie współpracowali, zamienili się w najgorszych wrogów. Rozpętał się zaciekły spór, bez szans na kompromis czy porozumienie. Tak już jest, kiedy zaczyna się rozmowa o kolorach.

* * *

Wiele razy próbowałem sprawdzić, jakie są oficjalne kolory polskiej flagi. Raport Najwyższej Izby Kontroli cytuje odpowiednią ustawę:

> Odcień barwy białej i czerwonej określono w ustawie przy pomocy współrzędnych trójchromatycznych oraz dopuszczalnej różnicy barwy białej i czerwonej. Ocena spełnienia tego wymogu jest możliwa wyłącznie w warunkach laboratoryjnych.

W tym samym dokumencie NIK-u można przeczytać:

> Ekspertyzą objęto również zakupione w tym celu, w różnych punktach sprzedaży (...) dziewięć

sztuk flag. Żadna z nich nie spełniała wymogów ustawowych dotyczących proporcji i odcienia barwy (współrzędnych trójchromatycznych), określonych w ustawie o godle.

Według Wikipedii – tym razem jakoś jej wierzę – nie udało się także ustalić, jakie wartości CMYK powinna mieć biało-czerwona w druku (szkoda, bo to łatwiejsze niż porównywanie z wzorcem w warunkach laboratoryjnych). Podobno komisja, która miała określić składowe wartości CMYK, rozpoczęła pracę, ale nigdy nie doszła do konkluzji.

Można to uznać za dowód nieudolności lub obojętności państwa. Z drugiej strony – historia klatki schodowej jest przestrogą. Tak zwana Poważna i Pogłębiona Dyskusja o barwach narodowych mogłaby położyć kres naszej państwowości.

No chyba że pójdziemy w pastele.

POKOLOROWANI

Jeszcze niedawno mówiło się „prasa kolorowa" dla odróżnienia ilustrowanych magazynów od poważnych gazet. Ten podział jest już nieaktualny. Cała prasa stała się kolorowa, ilustrowana i niepoważna.

W epoce czarno-białego druku, kiedy ktoś umierał, publikowano nieczytelne zdjęcie w czarnej ramce. Jeszcze dzisiaj nasi klienci, widząc w projekcie ramkę grubszą od włosa, narzekają, że „jakoś żałobnie to wygląda".

Kolor pojawiał się stopniowo. Początkowo w dodatkach. Później na niektórych stronach, drukowanych na lepszym papierze i hojnie obsypanych reklamami. Dopiero potem luksus rozlał się na całą gazetę. Tym samym żałobne ramki straciły sens.

Teraz czarno-biały portret stał się zawiadomieniem o zgonie. Obwieszczeniem, że ktoś odszedł do Szarej Krainy Zmarłych Zasługujących na Szacunek. Nieboszczyk niezasługujący – ktoś w rodzaju Kaddafiego czy al-Asada – nie może na to liczyć. Zostanie na wieczność z kolorem przylepionym do twarzy i munduru.

W przypadku dobrych ludzi barwy uchodzą wraz z życiem. Czarno-białe zdjęcie sprawia, że ktoś, kto jeszcze wczoraj chodził między nami, cofa się w przeszłość. Nabiera szlachetnej patyny. W telewizji podkreślają to odpowiednią muzyczką i zwolnionym ruchem. W ten sposób określenie „zwolnić tempo" stało się wygodnym eufemizmem:

– Dostał drugiego zawału i zwolnił tempo.

– Niech mu ziemia lekką będzie.

Lub:

– Słyszałaś, że nasz prezes w zeszłym tygodniu stracił kolor?

W przypadku poważniejszej żałoby szarość ogarnia całą gazetę lub portal. Pojawia się czarny nagłówek, logo z żałobną wstążeczką, nawet mapa pogody pogrąża się w achromatycznym smutku. Na znak, iż niż i wyż, krzyżówka oraz rubryka sportowa też trochę umarły: *Everytime we say goodbye, I die a little*.

* * *

A jednocześnie trwa fascynacja wczesnymi przykładami kolorowej fotografii. Internet puchnie od nagłówków:

> Ruiny Warszawy w kolorze. Zobacz zdjęcia zburzonej stolicy!
> Niesamowite kolorowe zdjęcia z lat czterdziestych. Kliknij tu.

> Piękne i poruszające kolorowe zdjęcia zrobione w getcie w Kutnie w 1939.

Dlaczego kolorowe zdjęcia z lat czterdziestych wydają się ciekawsze od zdjęć czarno-białych? Co nam mówi spłowiała zieleń mundurów? Cielisty odcień policzków? Żółty kolor łaty i ledwo, ledwo błękitne niebo?

Gdy polscy producenci podbarwili kroniki z powstania warszawskiego, krytyk filmowy napisał, że dzięki kolorowi

> zobaczyliśmy młodych bohaterów jak żywych, w tym wspaniałe dziewczyny w kwiaciastych bluzkach. Z uśmiechem na ustach szli umierać.

Wzór na bluzkach i wiek bohaterów można dostrzec także na czarno-białym zdjęciu.

Ale czarno-biały równa się martwy. Dlatego internet wierzy (chyba nie całkiem zgodnie z logiką), że kolorowe zdjęcia ożywiają swoich bohaterów. Strona jednego z mistrzów historycznego Photoshopa nosi nawet tytuł: *Coloured back to life*.

Przy czym kolorowe portrety powstańców warszawskich i żołnierzy spod Verdun wcale nie wyglądają współcześnie. Nie przypominają kadrów Reutersa czy AP. Nie przypominają nawet fotek, które robimy komórką. Są blade, zszarzałe, słabo nasycone. Producenci filmu *Powstanie Warszawskie* sugerują, że to nie stylizacja. Świat tak wyglądał. Przecież:

obejrzeli klatka po klatce sześć godzin powstańczych kronik. Przy użyciu nowoczesnych technologii pokolorowali kadry. Sprawdzili, jakie barwniki do tkanin stosowano i jakie produkty stosowano w kuchniach, żeby nawet kolor zupy był autentyczny. (...)

– Jest w filmie scena, w której kobieta w kuchni z wielkiego kotła nalewa zupę. Powstaje pytanie, jaka to była zupa. Jeśli pomidorowa, powinna być czerwona. Wszystko było istotne.

Czy świat rzeczywiście miał inne kolory, czy to my chcemy go widzieć w gamie błony fotograficznej AGFA? Jedną ręką uwspółcześniamy zdjęcie, drugą je patynujemy. W ten sposób zmarli wracają, ale zachowują dystans. W końcu są lepsi od nas, prawda?

* * *

Chęć kolorowania starych zdjęć ma swój odpowiednik: potrzebę postarzania zdjęć nowych.

W telefonach, komputerach i aparatach zaroiło się od filtrów pozwalających otrzymać ten efekt. W aplikacji Hipstamatic można naśladować niedoskonałość dawnych błon fotograficznych. W innych programach wystarczy wybrać opcję „good old day”, „old photo”, żeby skazić naszą fotkę, zadrapnąć emulsję, zepsuć kolor i stracić ostrość.

Czy to nostalgia? Powrót do wypłowiałych albumów dzieciństwa? Czy próba wyróżnienia: byłem kolorowy, kiedy to jeszcze coś znaczyło.

CZARNA SPIRALA

To nie to. Znowu nie wyszło. Może następnym razem.

Projektowaniu towarzyszy nadzieja. Realizacja przynosi zawód. Czasem rozczarowanie może być większe, niekiedy mniejsze. Czasem jest tylko cieniem, szczyptą goryczy, motywem do podjęcia następnej pracy.

W tłustych latach prosperity drukowaliśmy sporo prac, korzystając z pomocy pana Mirosława. Technologa druku. Pośrednika. Eksperta i wielkiego oryginała. W dobrych czasach toczyliśmy długie rozmowy, warte każdej złotówki jego marży.

– Panie Mirosławie, gdzie są kalendarze?

– Plakaty są gotowe, poskładane, dostarczone do klienta...

– Pytałem o kalendarze.

– Inserty do Trzebiatowa są w Pile...

– Wiem. Co z kalendarzem?

– Panie Marcinie, powiem szczerze, kalendarz także jest już tak jakby gotowy. Kreda błysk, folia mat, wszystko położone.

– I?

– Tylko jest taki, mówiąc szczerze, problem pod tytułem: człowiek od czarnej spiralki.

– Panie Mirosławie, pan jeszcze nie ma tych kalendarzy?

– Panie Marcinie, ja tego nie oprawię, bo nie mam czarnej spiralki, a o tej porze roku człowiek od czarnej spiralki jest jak bóg. Ja mu nic nie mogę... Pan mu nic nie może... Nawet pan prezydent nic mu nie może... Niech pan dziękuje, że on się w ogóle zgodził nam tę spiralkę, że tak powiem, założyć.

– Ale, panie Mirosławie, wszystko miało być gotowe we wrześniu. To jest szkolny kalendarz, jak rany!

– Panie Marcinie, wszystkie miesiące mam już wydrukowane. Wszystkie siedem.

– A koperty?

– Koperty też w najlepszym porządku. Elegancko wysztancowane. Właśnie się sztancują. Jutro się sztancują, a pojutrze odbieram z klejarki. Albo w czwartek.

– Matko boska!

– Pan się cieszy, że w ogóle niewykluczone, że kto wie, być może, kiedyś, w końcu, te koperty jednak będą. Pan wie, jaka w kraju jest sytuacja? Tu mnie właśnie drugi klient błaga na telefonie, żeby mu wydrukować teczki kartonowe... A ja nic nie mogę, bo w całym kraju nie ma kartonu z białym spodem. Panie Marcinie, w tej naszej RP ukochanej zabrakło kartonu z białym spodem! I nie będzie aż do grudnia. Człowiek od białego kartonu to jest nawet większy bóg niż człowiek od czarnej spiralki.

– Dobra, ale jak koperty już w końcu będą, i kalendarze, i czarna spirala, to niech pan powkłada kalendarze do kopert…

– No…

– Jakie „no"? – pytam podejrzliwie.

– Z tym, za przeproszeniem, wkładaniem jest kłopocik.

– Nie pasują?!

– Jeżeli pan mnie w ten sposób pyta, to ja odpowiem w ten sposób: jeden wymiar troszkę nam umknął. Ale za to drugi jest perfekt.

– (jęczę).

– Panie Marcinie, pan się nie martwi. Na długość to kalendarz wchodzi perfekcyjnie. Natomiast na szerokość, to on już tak perfekcyjnie nie wchodzi. Ale damy radę, żeby tylko człowiek od czarnych spiralek nam nie skrewił.

„JA JUŻ WIDZIAŁEM TAKIE FILMY"

Nad naszymi wysiłkami niesie się zblazowany głos reżysera Burskiego.

To moja ulubiona scena *Człowieka z marmuru*. Reżyser Burski właśnie przyleciał z jakiegoś festiwalu (Okęcie, czerwone bmw, Trasa Łazienkowska). Za chwilę wyjeżdża do Pragi. W willi na Żoliborzu Agnieszka opowiada mu o swoim filmie. Burski nie jest zachwycony:

– Takie rozmowy przed kamerami... Takie *cinéma verité*... Ale to już było....

Potem dodaje:

– No, interesujące; ale ja już widziałem takie filmy.

Na pozór dwa razy powtarza to samo. Ale pomiędzy „już było" a „ja już widziałem" jest ogromna różnica.

Problem nie polega na tym, że wszystko już było. To przecież oczywiste. Gorzej, że my to wszystko widzieliśmy. A jeśli nie, wkrótce zobaczymy.

W XXI wieku wszystko jest naraz. Przestały obowiązywać reguły perspektywy. Czas ani odległość nie zacierają wspomnień. Jesteśmy jak udręczeni mnemonicy. Obarczeni zbyt dużą wiedzą, sparaliżowani przez wszystko, czego nie umiemy zapomnieć ani przegapić.

Internet przynosi plakaty z Ghany. Kolaże rosyjskich konstruktywistów. Bułgarskie znaczki pocztowe. Szwajcarską typografię. Polskie plakaty. Nowe fonty. Stare czcionki.

I każdy styl został już użyty, każda konwencja – wydrenowana.

W każdej specjalności, w każdej niszy, są lepsi od nas.

To trochę przygnębiające.

* * *

Słuchałem kiedyś przerażającego gościa, zagranicznego eksperta i doradcy, który twierdził, że najchętniej projektuje gazety w językach, których nie rozumie. Z kolei pewien polski dyrektor artystyczny zwykł mawiać: „Dziennikarze wtrącają się w nasze obrazki, my będziemy się wtrącać w ich teksty".

Myślę, że ten drugi miał rację. Trzeba się wtrącać. W projektowaniu chodzi o słowa. O łączenie słów z obrazami. Jeżeli można je rozdzielić, to projekt graficzny nie był wiele warty.

Na ASP o tym nie mówią, ale graficy pracują w języku.

Dlatego nigdy nie jesteśmy tacy całkiem bezradni. Bo jesteśmy tu. Właśnie w tym miejscu. W tym czasie i z tymi ludźmi. Dopóki mamy coś do powiedzenia o sprawach, które nas interesują – jesteśmy oryginalni.

I potrzebni.

BROKAT

Parę lat temu zwiedzałem nowoczesną drukarnię.

– Zamówiliśmy badania – powiedziała pani dyrektor – z których wynika, że zasadniczo książki czytają już tylko dziewczynki między dziewiątym a trzynastym rokiem życia.

– I co państwo zrobią? – spytałem.

– Właśnie kupujemy maszynę do brokatu.

SER SZWAJCARSKI

Trzeba wziąć blok marmuru i usunąć wszystko, co niepotrzebne. W słynnym powiedzeniu jest mniej więcej tyle sensu co w zagadce z czasów mojego dzieciństwa: jak zmieścić cztery słonie w małym fiacie? Odpowiedź, gdyby ktoś nie pamiętał, brzmiała: dwa z przodu, dwa z tyłu.

Łatwo się domyślić, jaką minę miał Michał Anioł, gdy tłumaczył natrętowi: „Ależ, to proste, mój drogi, musisz tylko...".

Odkąd poznałem ten cytat, zamieszczony w jakiejś młodzieżowej książce o sztuce, zacząłem sobie wyobrażać rysunki uwięzione w białych kartkach. Obrazy w niezagruntowanym płótnie. Świątki w pniu gruszy. Kotlety mielone w prosiaku.

Jak u Gałczyńskiego:

> sam się dziwił, że tyli świat mieszka
> w ordynarnym lipowym klocu.

* * *

Stukamy w klawiaturę. Wklepujemy litery i patrzymy, jak na ekranie pojawia się widmowy Times New Roman. Pisząc w ten sposób, łatwo zapomnieć, jak bliski był kiedyś związek typografii i rzeźby.

A przecież przez stulecia litery wykuwano w kamieniu. Odlewano w metalu. Wycinano z drewna. Potem tłoczono, walcowano, ściskano pod prasą. Pieczętowano, przybijano. W słowie „druk" jeszcze się czuje ten ciężar.

Nowoczesny offset przyzwyczaił nas do stron gładkich jak szyba. Wystarczy jednak wziąć z półki książkę starszą niż czterdzieści lat i przesunąć palcem po liniach. Poczujemy, że znaki są przestrzenne, zagłębione, wciśnięte w papier, wypełnione tłustą farbą. Materialne.

Dziś to już tylko wspomnienie. Ale jeśli uważnie spojrzeć, to nawet w szeryfach Times New Roman można dostrzec ślad rzymskiego dłuta.

* * *

Związek rzeźby i litery pokazał Henryk Tomaszewski na plakacie wystawy Henry'ego Moore'a (rok 1959).

Napis *Moore* składa się z białych liter na ciemnoniebieskim tle. Nieregularne kształty sprawiają wrażenie pospiesznie wyciętych z papieru. Drugie O, większe od pozostałych znaków, ma formę prostokąta z owalnym otworem w środku. Na nim, jak na postumencie, stoi półabstrakcyjna rzeźba. To *Matka i dziecko*, jeden

MOORE
Wystawa
rzeźb
Henry
Moore'a

z wczesnych wariantów tematu, do którego angielski rzeźbiarz wracał przez całe życie. Owalna forma przypomina zaciśniętą dłoń. Rzeźba wygląda, jakby przed chwilą opuściła wnętrze litery. Wyskoczyła z niej, została urodzona przez biały prostokąt.

Plakat Tomaszewskiego jest przykładem genialnego wykorzystania przestrzeni negatywnej. Nie wiemy, co tu jest obiektem, a co tłem. Co dziełem sztuki, a co odpadem, wiórem, odrzutem. Wszystko wydaje się potrzebne.

* * *

Szwajcarski typograf Adrian Frutiger pisał:

> problem przestrzeni wewnątrz znaku jest jednym z najważniejszych czynników kwalifikujących pismo. Obiektywny czytelnik nie zauważa, z jaką subtelnością muszą być ustalone przez liternika i typografa powierzchnie wewnątrz liter i przestrzenie międzyliterowe, aby obraz drukowanego słowa lub zdania nie zakłócał procesu czytania.

Przestrzenie między literami Frutiger porównywał do rzeźb. Nazywał je figurami wyznaczającymi „istotę rytmu i stylu pisma".

Typografia jest sztuką układania przestrzeni negatywnych, marginesów, odstępów między liniami tekstu, świateł między wyrazami i między literami.

Dobrze skomponowany napis to harmonijnie połączone przestrzenie, które nie są literami. Jeziora, zatoki i strumienie – połączone w jeden akwen. Być może tym jest projektowanie: zarządzaniem pustką.

Co jakoś tłumaczy sukcesy Helwetów. W ojczyźnie dziurawego sera pewne rzeczy muszą być oczywiste.

* * *

Peter Zumthor, architekt z Bazylei, opisuje swoje odczucia:

> Istnieje magia malarstwa i wiersza, słów i obrazów (...). Istnieje również magia tego, co realne, materialne, cielesne, rzeczy, które mnie otaczają, które widzę i wącham, których dotykam i słucham. Bywają takie chwile, kiedy ów czar (...) pojawia się jak powolne wzrastanie duszy, którego wpierw w ogóle nie zauważam.
>
> Jest Wielki Czwartek. Siedzę w długich podcieniach sukiennic. (...) Za plecami mam ścianę kawiarni. Jest dokładnie tyle osób, ile być powinno. Rynek kwiatowy. W słońcu. Jedenasta przed południem. Przeciwległa pierzeja placu znajduje się w cieniu, sprawia wrażenie przyjemnie niebieskawej. Cudowne dźwięki...

I tak dalej, wylicza wszystko po kolei, aż do „sofy z aksamitnym oparciem w kolorze bladozielonym".

Zastanawiam się, co mnie tak irytuje w tym fragmencie. Oprócz użycia słowa „magia" (w kontekście innym niż Harry Potter).

* * *

Dobry design wywołuje efekt „Więc to tak!".

Design to rozwiązanie łamigłówki. Moment, gdy arcymistrz daje mata, Michał Anioł wydobywa rzeźbę z marmuru, a Sheldon Cooper stawia znak równości w ostatnim równaniu (BUM!).

Kontakt z dobrze zaprojektowanym przedmiotem, budynkiem czy tekstem daje poczucie harmonii. Jak u Zumthora: nasza przestrzeń negatywna cudownie łączy się z negatywną przestrzenią stołu, krzesła, placu. Ostatni puzzel trafia na swoje miejsce.

Architektura daje poczucie, że jesteśmy na właściwym miejscu. A skoro tak – to świat jest dobrze urządzony. We wszystkich znaczeniach tego słowa.

Co oczywiście nie jest prawdą. Świat został urządzony dość marnie. Ktoś się spieszył. Niestarannie wydobywał rzeczy z ich brył. Raz po raz przejeżdżał za linię. Niedokładnie kładł kolory, jak znudzony przedszkolak, którego próbują zająć kolorowanką z internetu.

* * *

Jest wtorek po którejś tam niedzieli zwykłej. Żadnych szans na słońce przez najbliższe pół roku. Żadnych widoków na Szwajcarię, podcienie, sukiennice, marmurowe blaty, bruk pod stopami i „panoramę rynku z szeregiem kamienic, kościołem i zabytkami".

Mróz. Krzywy chodnik podstawia nogę. Automat do sprzedaży biletów wsysa dziesięciozłotówkę, z grzechotem wydala bilet, zmuszając nabywcę do schylenia pleców i mozolnego wydłubywania reszty.

Niemożliwe, żeby ktoś to wymyślił niechcący. Chyba że przedstawiciel obcej cywilizacji – kosmita zatrudniony w biurze projektów transportu miejskiego. Próbuję go sobie wyobrazić. Sądząc ze sposobu umieszczenia ekranu, ma jakiś metr czterdzieści wzrostu, bardzo długie ręce zakończone krzywymi szponami do wyłuskiwania bilonu. Musi być spokrewniony z kosmitą od biletów parkingowych.

Nie pasujemy do tej przestrzeni.

Jeszcze żyjemy.

III.
SKLEP Z DESIGNEM

WYSTAWA

Wystawa Teresy Żarnowerówny okazała się bezbrzeżnie smutna. Z muzealnego okna było widać pusty dom naprzeciwko. Pustą ulicę. Może to kwestia pogody i mgły, ale w zapadającym zmierzchu Łódź wyglądała jak dekoracje do *Gabinetu doktora Caligari*.

Była to wystawa smutnej awangardy. Złych czasów. Nieprzyjemnych miejsc.

Prawie wszystko w salach Muzeum Sztuki było nieprzyjemne.

Nieprzyjemne nagłówki komunistycznych gazet. Goryl pożerający Europę na okładce poematu Sterna. Młody Stalin wyrastający z tłumu na okładce „Czerwonego Sztandaru". I sanacyjne więzienia. I plakat „Żądamy amnestii". Pokraczne litery „Głosuj na listę 13".

Wojna. Kadry z bombardowań Warszawy. Zdjęcia rozprutych domów. Pierzyny. Cegły. Meble. Kolaż wykonany przez Luftwaffe.

Potem noc w Lizbonie. Czekanie na wizę. I cała ściana wyklejona korespondencją. Dopiski SOS, SOS, SOS na jej listach. BŁAGAM napisane drukowanymi literami. I odpowiedzi, na eleganckich papierach

EUROPA
A. STER
M. SZCZUK

firmowych, z nazwami amerykańskich galerii drukowanymi w nagłówku. Nie, nie jest mi znana. Nigdy o takiej nie słyszałem. Nie widziałem żadnych prac. W zasadzie uważam, że powinniśmy pomagać także osobom nieznanym, ale w tej chwili mam zbyt wiele zobowiązań.

(Wygooglujcie ją, do diabła – myślimy, oglądając te listy. – A ty wyślij im wreszcie ten mail ze zdjęciami).

Kolejne fotografie. Ponury dom w Lizbonie. Statek, który ją przewiózł przez Atlantyk. Lista osób przesłuchiwanych przez służby imigracyjne. Dopisek „Polish Hebrew" przy nazwisku (nie wpuścili).

Kolejny dom, tym razem w Kanadzie.

Jednak Ameryka. Jedna jedyna wystawa. Urzędnik organizacji charytatywnej sprawozdaje, że artystka prosiła o ubrania.

Gwasze. Zdjęcia rzeźb. Przypadkowe chałtury. I jeszcze to: po samobójczej śmierci artystki w jej pracowni znaleziono jedenaście wizerunków Matki Boskiej. Próbowała je sprzedawać w okolicznych kościołach („Wydaje się dość przygnębiające, że właśnie w ten sposób musiała zarabiać na swoje utrzymanie" – czytamy w katalogu).

* * *

Prace Żarnowerówny są pozbawione wdzięku. To największa zaleta tej wystawy: przypomina o bolesnej, koślawej i nieprzyjemnej awangardzie.

Bo przecież tak w ogóle to awangarda jest fajowska. Przyjemna. Elegancka. Estetyczna jak napis Futurą. Czysta jak szwajcarska typografia. Jak biała porcelana w ulubionej klubokawiarni.

Jak wille na Saskiej Kępie i luksusowe kamienice w śródmieściu. Awangarda stała się podstawą mieszczańskiego dobrego gustu.

ZAKOCHAJ SIĘ W DESIGNIE

Któregoś ranka przeczytałem w tramwaju „Zakochaj się w designie".

Od kiedy zainstalowali monitory, nie mogę oderwać oczu od pospiesznie kleconych reklam, ogłoszeń i nowości ze świata.

„Następny przystanek: Rondo Grochowska. Najważniejsze wiadomości. Aktorka po raz drugi zostanie mamą...". Obok ktoś krzyczy, że urząd zatrudnienia to gang. Bezdomny zasnął i pewnie nie obudzi się aż do pętli. Na ekranie rząd liter informuje: „Brzuszek gwiazdy wyraźnie się zaokrąglił". Potem coś o stwardnieniu rozsianym. Zaproszenie na komedię *Hiszpańska mucha* i kartka z kalendarza – siedemdziesiąt lat temu zmarł z ran. Rozmazane zdjęcie. Logo Instytutu Pamięci Narodowej.

I nagle „Zakochaj się w designie". Już w najbliższy weekend, od 10.00 do 16.00.

Ciekawe. Ciągle jesteśmy wzywani, żeby się w czymś zakochać. Ratusz proponuje, żeby się zakochać w Warszawie. Harcerze, żeby się zakochać w harcerstwie. Importerzy alkoholu – w tequili. Nawet ulotkę o segregowaniu śmieci opatrzono logo „Zakochaj się w zielonej Warszawie". Nie można oddzielać mokrego, suchego i szkła, jeśli nie zalewają nas fale uczucia.

Kochamy Polskę. Kochamy wypieki. Kochamy buty. Trwa marketing miłości, nieustająca komedia romantyczna.

Ale zakochać się w designie?

* * *

Festival (oczywiście, że przez v) odbywa się na terenie dawnej fabryki.

Przez sto lat zmieniały się rodzaje produkcji. Najpierw tekstylia. Potem motory, maszyny, armatury. Po wojnie – legendarne skutery „Osa". Potem już nic. Zostały tylko ceglane hale rozrzucone na wielkim terenie, szyny kolejki wąskotorowej i fantastyczna lokalizacja dla dewelopera.

Nowe apartamenty są reklamowane hasłem „awangardowa przestrzeń dla kultury i biznesu". Oraz „kreatywny dystrykt zaprasza". Dla uprawnienia tej nazwy, dawne hale zamieniono na redakcje pism o modzie, studia filmowe, pracownie architektów i restauracje.

* * *

Poszliśmy w sobotnie popołudnie.

Pomiędzy budynkami – na czas święta – zaparkowały wózki z hamburgerami oraz riksze, z których sprzedawano lody o smaku mango i oranżadę z Berlina. Hipsterskie odpowiedniki waty cukrowej i pańskiej skórki.

Podobał mi się widok na opustoszałe biura. Zaglądałem z zazdrością przez fabryczne okna.

W XXI wieku osiągnęliśmy postęp polegający na tym, że prawie wszyscy mamy pracę siedzącą. Różnice społeczne wyrażają się w tym, jak wygodnie siedzimy.

Przedstawiciele branży kreatywnej mieli fantastyczne krzesła. Wyglądały jak tron lorda Vadera. Z metalową konstrukcją, mnóstwem nierdzewnych przegubów i siedzeniem z futurystycznych tkanin. Ich właściciel nigdy nie poczuje, co to znaczy ból kręgosłupa.

Tylko prekariat łupie w krzyżu.

* * *

A wystawa?

Był studencki projekt budy. Na załączonym zdjęciu uśmiechał się pies-użytkownik. Zamiast obroży nosił bandanę „Jestem adoptowany".

Obok innowacyjny projekt budy na dziecko. Dwupiętrowy domek ze sklejki, z legowiskiem na górnym poziomie i miejscem do pracy na dole. Autor tej koncepcji najwyraźniej nigdy nie widział dziecka, więc uwierzył, że aktywność sześciolatka można skoncentrować na trzech metrach kwadratowych, podczas gdy dookoła zapanuje niezmącony spokój. Przy tym eksponacie zatrzymaliśmy się z żoną na dłużej. Patrzyliśmy z rozmarzeniem.

Prototyp stołu – wypolerowany spojrzeniami czujnych asystentów z Akademii. Wymęczony rezultat całego semestru korekt.

Smętne gadżety reklamujące miasto (plon jakiegoś konkursu).

I jeszcze mnóstwo innych rzeczy.

Wszystkie te pomysły – lepsze i gorsze – nie miały nic wspólnego z przemysłem czy masową produkcją. Nawet nie spoglądały w tamtą stronę. Dominowały unikaty. Produkty rękodzieła. Art.

Sponsorem ekspozycji był niemiecki producent materiałów piśmiennych, toteż można było wypróbować pióra i długopisy przytwierdzone do blatu supertrwałą stalową żyłką. Jedyny tego dnia kontakt z praktyką i bodaj jedyny wystawiany przedmiot, który można było kupić w sklepie.

* * *

Zwróciłem uwagę na komplet peerelowskich mebelków oklejonych w kolorowe geometryczne wzory. Opis wyjaśniał, że deseń pochodzi z pulowera, w którym występuje gwiazdor jakiejś grupy kabaretowej.

To charakterystyczny koncept. W naszym stosunku do przeszłości designu miesza się duma i zażenowanie. Z jednej strony – upodobanie do skromności i surowości. Szacunek dla dawnych osiągnięć. A z drugiej strony – wygłup, kpina, kolejkowa anegdota („Pan tu nie stał!") i klimat filmów Stanisława Barei.

W ten sposób opowiadamy o swojej skromnej przeszłości. Niby z dumą (było nie było, nasze korzenie), ale i z obawą. Opowiadamy, zawsze gotowi obrócić wyznania w żart. Zakpić samemu, zanim wyśmieją nas inni.

Nie czujemy się dość silni, żeby spokojnie spojrzeć za siebie. Fale nostalgii zalewają przeszłość. Mieszają autentyczne osiągnięcia i tandetę.

Patrząc na wzorzystą meblościankę, poczułem, że zupełnie nie tęsknię za socjalistycznym wzornictwem. Tęsknię za tęsknotą. Za znaczeniem, które przypisywałem kiedyś słowu design. Za wiarą w przedmioty.

PRZERWY W KONWERSACJI

W latach dziewięćdziesiątych pracowałem w firmie projektowej, która handlowała komputerami. To był nowatorski pomysł: nasz klient mógł nabyć zarówno garnek, jak i koło garncarskie.

Siedzieliśmy na trzecim piętrze dawnej drukarni i sprzedawaliśmy sprzęt niszowego producenta z Kalifornii. W tamtych czasach nie było jeszcze iStore'ów ani iPadów. Literka „i" dopiero zaczynała karierę w marketingu, a symbolem nowoczesności pozostawała samogłoska e oraz liczba 2000.

Jonathan Ive właśnie rozwijał skrzydła. Nowe laptopy Apple wyglądały jak mydelniczki z kolorowego plastiku, rajskie ptaki wśród sprzętu biurowego. Nie wspominając już o wysokiej jakości wykonania, trwałości materiałów, niezawodności i czymś tam jeszcze.

Niestety, w Polsce nadal mało kto chciał je kupować. Wśród nabywców byli głównie znajomi graficy, tłumacze i dziennikarze (rynek prasowy kwitł i wydawcy bywali hojni). Właściciel nie tracił nadziei, że wkrótce los się odwróci, toteż wypatrywaliśmy znaków nadchodzącej zmiany.

iBook

I zmiana nadeszła. Pewnego dnia zgrzytnęła winda towarowa (innej nie było) i do biura wkroczył klient z marzeń. Spełniał wszystkie warunki:

Miał garnitur.

Nikt z nas go nie znał.

Nie był grafikiem. Nie tłumaczył Philipa Rotha. Nie wystawiał spektakli multimedialnych.

Najważniejsze, że pragnął nabyć lazurowego iBooka. Mam wrażenie, że korcił go kolor „mandarynka" lub nawet „truskawka", ale nie był jeszcze gotów na taką ekstrawagancję.

W tamtych czasach z klientami prowadziło się długie rozmowy, toteż wkrótce się dowiedzieliśmy, że nasz nowy przyjaciel pracuje jako łowca głów – specjalista w nowej branży, nazywanej HR. Swój zakup traktował jak inwestycję:

– Spotykam się z różnymi ludźmi. Sprawdzam, kogo uda się wyjąć i za ile. Często umawiam się w miejscach publicznych, głównie w knajpach. Sami rozumiecie. Gość zdenerwowany, boi się, że ktoś go zobaczy. Nieraz trudno zacząć rozmowę. Wtedy ja wyjmę komputer. I zaraz pytania: a co to? A dlaczego kolorowy? A ile kosztuje? I jesteśmy w domu.

* * *

Parę lat później przeczytałem reportaż o człowieku, który w podobny sposób uzasadniał wydatki w sklepie Krakowski Kredens. Rodzinne święta, napięte milczenie, na stół wjeżdża szynka. I zaraz pytania: Co? Gdzie? Ile dałeś?! Ile?! Oczywiście w wariancie kryzysowym można toczyć takie dyskusje nad towarami z najbliższej Biedronki.

Zacząłem się zastanawiać, czy miłośnik delikatesów to nasz dawny klient. Niewykluczone.

Jedno jest pewne: design to sposób na przerwy w konwersacji.

Na przełomie wieków wszystko szło dobrze. Zawsze już miało być fantastycznie. Coraz lepiej i lepiej. Design nie musiał ocalać narodów ani ludzi. Wystarczyło, że pomagał opanować nową sztukę small talku – rozmowy o niczym, poprzedzającej przejście do sedna. Czyli negocjowania kasy.

SKLEP Z DESIGNEM

Zza muru widać nagrobki. Krzyże i anielskie skrzydła ze śladami kul. Obok spalarnia odpadów szpitalnych przebudowana na nową siedzibę Akademii Sztuk Pięknych. I jeszcze sklep.

Przestronne wnętrze. W strategicznych punktach skuto tynki, a cegłę pomalowano białą farbą. Na podłodze z gładzonego betonu widnieją zupełnie niepotrzebne strzałki z taśmy samoprzylepnej.

Wchodzimy i zaraz zjawia się pani kurator w czarnej sukience. Ma czarne włosy i skromną biżuterię (to nie skromność, to minimalizm). Gdzie indziej byłaby sprzedawczynią, tutaj nosi plakietkę z napisem „Sylwia Doradca Klienta".

– W czym mogę państwu pomóc? – pyta. Ale oczywiście nie pomoże, bo i w czym? Jest tylko to, co widać. Resztę mogą państwo zamówić w internecie. Termin dostawy: dwadzieścia dni roboczych.

To zabawne, że kiedyś mówiło się „witryna internetowa". Teraz realny sklep jest tylko oknem wystawowym, zachętą do zwiedzania prawdziwego świata czekającego w sieci. Zresztą doradca klienta nie może już z nami rozmawiać. Do sklepu weszło małżeństwo z dwoma chłopcami (Armani Junior). Porcelanowym pingwinom grozi niebezpieczeństwo.

* * *

Rezerwat designu. Muzeum i sklep z pamiątkami jednocześnie. Przy cenniejszych eksponatach zamieszczono kartki z objaśnieniem. Można też sięgnąć do internetu – do czego zachęcają ekrany przyczepione do ścian. „Sztućce Caccia – jedna z najpopularniejszych kolekcji sztućców włoskiej «fabryki snów» Alessi"– czytam.

I jeszcze:

„Nastaw się na smak, który nigdy nie przeminie".

„Minimalistyczna forma i pomysłowa konstrukcja".

„Wazon, który ma moc".

Z sufitu wisi lampa w kształcie eksplodującej planety. Obok krzesło o skomplikowanej geometrii odrzutowca niewykrywalnego dla radarów. I podobnej cenie. Doradczyni klienta oszacowała nas, zanim przebrzmiało w-czym-mogę-państwu-pomóc. Przecież widać, że nie mamy budżetu obronnego do wydania. Nic nie szkodzi, obejrzymy ekspresy do kawy, solniczki, młynki do pieprzu oraz tarkę w kształcie jeżyka.

Eleganckie rzeczy wykonane z najlepszych materiałów obiecują, że będą służyć długie lata. Obok – plastikowa tandeta, która chce być zapomniana, zanim się zestarzeje. Na półkach można też znaleźć coś z departamentu „prostota": cynowe wiadro. Garnek z kamionki. Szczotkę.

Jednak wszystkie te przedmioty – w odróżnieniu od chłamu, którym zapełniamy koszyki w marketach – nie są anonimowe. To lepsze towarzystwo wśród rzeczy. Pasażerowie z górnego pokładu. Stara arystokracja i krnąbrne gwiazdy telewizji. Artyści, celebryci, dziwacy.

Swoją drogą, ciekawe, że w kwiecistych opisach firmę Alessi przedstawiono jako fabrykę snów (snów o sztućcach? o gofrownicy?). Porównanie z Hollywood ma sens. Przedmioty nie są dekoracją, lecz aktorami. Gwiazdami.

* * *

Co my tu robimy?

Otóż przyszliśmy kupić prezent. Karmiąc się słabą nadzieją, że nowożeńcy jakimś cudem nie mają jeszcze korkociągu w kształcie mocarnej dziewczynki.

Chcemy im kupić talizman. Obyście zawsze byli tak szczęśliwi jak teraz. Żeby wam nigdy nie zabrakło czasu na kontemplowanie stojaka na serwetki w formie psa. Oby wasze filiżanki zawsze były pełne cappuccino, a przeceniony zegar w kształcie meduzy wskazywał same szczęśliwe minuty.

Nie wychodźmy jeszcze. Zostańmy jeszcze chwilę wśród miseczek, mydelniczek i świec zapachowych. Tymczasem zrobiło się ciemno. Pada deszcz i mokną nagrobki.

TORBA DO SAMOLOTU

Kiedy spada samolot, reporterzy wysyłają zawartość kart pamięci do agencji fotograficznych. Agencje zalewają redakcje obrazami i dopiero tam redaktorzy wybierają te najmniej drastyczne. Lajtowy czubek upiornej góry lodowej.

Więc teraz widzimy pola słoneczników. Rżysko. Betonowy płot pomalowany olejną farbą. Żółte tralki. Brązowe płyciny z płytkim deseniem, który bez przekonania naśladuje kamień. Obok zwłoki nakryte folią. I bagaże. Mnóstwo zdjęć bagaży i ubrań – które pokazują, żeby oszczędzić nasze uczucia.

Nie mogę na nie patrzeć. Nie chcę widzieć T-shirtów „I love Amsterdam", czerwonych toreb Samsonite. Kawałków kabiny.

Nie powinno ich tam być, na tym polu, przy płocie. Nie powinni w nich grzebać faceci z kałasznikowami (spodnie moro, koszulki z dwugłowym orłem). Należą do innego świata. Świata, który przemieszcza się korytarzem lotniczym na wysokości przelotowej dziesięciu tysięcy metrów.

Design obiecuje, że nas obroni. Starannie obmyślone przedmioty, walizki z uchwytami dopasowanymi do kształtu naszych dłoni, torby wykonane z coraz lżejszych i mocniejszych materiałów, coraz lepiej mieszczące się w lukach bagażowych, talizmany racjonalności i porządku… Mają nas obronić przed chaosem i przemocą.

* * *

Mój ojciec uwielbiał samoloty. Było to uczucie zupełnie bezinteresowne, ponieważ nie lubił podróżować. Po prostu ogromnie mu się podobały. Czasem jeździliśmy na górkę na końcu pasa startowego – znacznie lepszą od oficjalnego tarasu widokowego. Gapiliśmy się na odlatujące odrzutowce i machaliśmy do pilotów. Marzyliśmy o nieosiągalnym: chcieliśmy zobaczyć największego ze wszystkich boeinga – jumbo jeta.

Zresztą, po latach zdarzyło się, że jakiś zabłąkany jumbo wylądował na Okęciu. Już nas to wtedy nie obchodziło.

W 2001 roku ojciec nie umiał się pogodzić, że terroryści, ci troglodyci, użyli właśnie samolotów do zniszczenia WTC. Był tym jakoś dodatkowo wstrząśnięty. I urażony.

MEBLE PONIEMIECKIE KUPIĘ SPRZEDAM

Ciężki kredens, przywieziony kiedyś z Gliwic, miał przetrwać tysiąc lat. Wyglądał jak twierdza, schron, wilczy szaniec. Jeśli zdradzał cechy jakiegoś stylu, to – w założeniu – miał to być styl ostatni. Dowód, że meble osiągnęły najwyższy stopień ewolucji, a czas się zatrzymał.

Pseudoantyki obiecywały, że będą trwały w nieskończoność. Dlatego musiały też udawać, że są od zawsze. Od niepamiętnych czasów.

Poniemieckie meble wydawały się megalomańskie. Miały pewne powody do wyniosłości, w końcu okazały się potężniejsze od państwa, w którym powstały. Przetrwały wojnę. Zmianę granic.

Przechodziły z rąk do rąk. Pakowano je na jakieś ciężarówki, lory, platformy. Wnoszono po schodach. Upychano w mieszkaniach, znacznie mniejszych od tych, dla których je kiedyś stworzono. A jeszcze nie skończyły swojej drogi. Powędrują do jakiegoś antykwariatu, trafią do internetu. Ktoś je wylicytuje na Allegro. Jeszcze raz zaczną gdzieś od początku. Z nowymi ludźmi, bez pamięci. Nadal będą głosić, że świat stoi w miejscu. Że życie opiera się na mocnych i stabilnych podstawach.

* * *

> Sprzedam stare przedwojenne meble poniemieckie znajdujące się na terenie województwa warmińsko-mazurskiego: – toaletka z ruchomymi bocznymi lustrami – kredens bufet dwuczęściowy – stół rozsuwany – kanapa – 2 krzesła – mały stolik – nocna szafka – lustro obramowane duże i średnie – szafa… (Z ogłoszenia)

Ciekawe, że nikt już nie kupuje i nie sprzedaje mienia pożydowskiego. Owszem, w internecie można kupić judaika, pamiątki, rzeczy żydowskie. Ale przedrostek „po" zniknął.

Rzeczy żydowskie nie mają żadnego „po". Nie mają „przed". Spadły z nieba. Przyleciały z kosmosu.

* * *

Z przedmiotami dzieje się coś dziwnego. Rzeczy straciły wiarę w siebie. Straciły nadzieję. Nie zabiegają o wieczność. Nie próbują nawet udawać.

Dziecku trudno uwierzyć, że kiedyś go nie było. W świadomości, że świat istniał przed naszym urodzeniem, kryje się przeczucie, że da sobie radę i bez nas (ma w tym doświadczenie).

Przedmiot, który chce być nowoczesny, uznaje istnienie czasu. Dlatego musi przegrać i przegrywa już na starcie. Przegrywa w chwili największego triumfu. Przegrywa, kiedy jeszcze jest nowy, oryginalny, chroniony patentami. Kiedy kolejki ustawiają się przed sklepem, żeby w dniu premiery kupić najnowszy model.

STOLIK

„Gazeta" napisała o pewnym panu, który szukając podstawki pod komputer, nabył zabytkowy stolik i zabrał się za skracanie nóżek. Kiedy wziął mebel na warsztat, odkrył sekretną szufladę, a w niej – maszynopis raportu, który szef wywiadu AK złożył w 1943 roku swoim dowódcom.

Pod tekstem zamieszczono komentarz internauty: „A w ogłoszeniu na pewno pisali, że mebel po gruntownej konserwacji".

WYCISKARKA

Najważniejsza i najpopularniejsza polska książka o designie jest przeznaczona dla dzieci.

Na okładce przedstawiono ogromną wyciskarkę Starcka. Przyrząd stoi w centralnym miejscu z połówką olbrzymiej pomarańczy nabitą na czubek. Po srebrnych strużynkach ścieka sok, a wielodzietna rodzina zebrana u stóp wyciskarki przygląda się temu niepojętemu zjawisku. Zaintrygowani rodzice obejmują potężne nóżki wyciskarki. Dzieci śmiało wyciągają szklanki, chwytają wielkie krople soku.

Na obrazku w środku jest jeszcze zabawniej. Srebrne wyciskarki atakują miasto, Nowy Jork albo okolice Emilii Plater w Warszawie. Mieszkańcy stawiają zaciekły opór. Są wybuchy, eksplozje, helikoptery z komandosami. A w lewym górnym rogu zamieszczono krótki tekst. Można się z niego dowiedzieć, że projektant doznał olśnienia, jedząc w restauracji owoce morza. Naszkicował koncepcję na papierowej serwetce.

> Po czym chwycił tę zatłuszczoną, wymazaną ketchupem i Bóg wie czym jeszcze serwetkę i od razu poszedł z nią do właściciela firmy Alessi.

Otrzymujemy intrygującą informację, że Starck jadł owoce morza z keczupem. Jednak autorka tekstu kładzie akcent na coś innego:

> Prosto z serwetki wyciskarka trafiła do produkcji. I jak tu się dziwić, że pan Starck jest gwiazdą?

Nie, nie sposób się dziwić. Nawet jeśli wzmianka o gwieździe stoi w pewnej sprzeczności z wcześniejszą opinią, że design jest „najbardziej niedocenianą ze sztuk".

Wszystkie części tej układanki są znaczące. Owoce morza, żywa pomarańcza (zamiast napoju pomarańczowego), serwetka, firma Alessi, nawet Bóg („Bóg wie czym"). The best of wszystko. Gwiazda tworzy ikonę.

* * *

Przekaz jest prosty. Design nie ma nic wspólnego z ławkami, w których siedzi ośmiolatek. Nic wspólnego z jego tornistrem i dziesięcioma kilogramami podręczników, które niesie do szkoły. Design nie zajmuje się artretyzmem babci, lekarstwami dziadka, ADHD kolegi.

Jeżeli dzieciak złamie rękę i trafi na ostry dyżur, to żaden designer nie wskaże rodzicom drogi na rentgen. Nie zadba o strzałki i tabliczki. Będą się tułać po szpitalnych korytarzach, błądzić, wypytywać pielęgniarki i innych rodziców. Żaden superStarck nie pomyśli o bezpieczniejszych zabawkach ani o przyrządach do rehabilitacji.

To wszystko nie zasługuje na uwagę. Design ma jedno zadanie: uzasadniać cenę.

* * *

Inna książka tej samej autorki nosi tytuł *Elementarz dizajnu, czyli 100 rzeczy narysowanych przez 25 ilustratorów*. Ma otwierać oczy, uwrażliwiać na przedmioty i zachęcać dziecko do odkrywania wokół siebie dzieł designu. Tym razem publikacja jest bardziej demokratyczna. Jak w prawdziwym elementarzu, nieletni czytelnik poznaje kolejne litery. A jak aparat. B jak barek. C jak czajnik.

Spotykam poczciwe powszednie przedmioty, takie jak pralka, spinacz, zamek yeti, skuter, wieszak. Ale, uwaga, jeśli krzesło, to nie jakieś tam zwykłe, bezimienne krzesło. Żadnych anonimowych lampek oliwnych czy grabi. Żadnych glinianych garnków ulepionych trzydzieści tysięcy lat temu.

Każdemu rzeczownikowi przypisano nazwisko projektanta, producenta i markę. Jeśli garnek, to projekt Jaspera Morrisona dla firmy Alessi („Jasper Morrison uważa, że najlepiej projektować rzeczy normalne albo, jak sam mówi, «supernormalne». I takie są właśnie te garnki").

I jeszcze:

- Flakon = Chanel N°5
- Konewka = „VÅLLÖ”, producent: Ikea
- Krzesło = „1006 Navy”, producent: Emeco
- Kran = „HV1”, producent: Vola
- Wiadro = „H2O Bucket”, producent: Authentics

Gra w memory współczesnego przedszkolaka. Ocean informacji wspierających świadomość marki. Plus rozbrajające szczegóły, na przykład, że firma Fiskars zastrzegła pomarańczowy kolor nożyczek, a kolorowe conversy pojawiły się w 1966 roku.

* * *

Można się chwilę pooburzać – jeśli ktoś ma ochotę – na tę konsumpcyjną indoktrynację, na sprzedawanie dzieciakom kultu marki i logo, na cały ten kapitalizm.

Albo się nie oburzać. Bo i po co?

* * *

Kiedyś kupowano dzieciom książki o wynalazcach. Poczciwych analogowych geniuszach epoki przemysłowej. Opowiadania o braciach Montgolfier sklejających balon z papieru. Stephensonie puszczającym w ruch pierwszą lokomotywę. Braciach Wright odrywających się od ziemi i Bellu wzywającym współpracownika przez świeżo wynaleziony telefon.

Na obrazkach turlał się pierwszy samochód w kształcie ogromnego żelazka z paleniskiem na przodzie. Pierwszy rower. Pierwsza łódź podwodna i pierwszy wypolerowany nurek. Ale te kotły już wygasły. Dzisiaj mamy start-upy, Marka Zuckerberga i designerów celebrytów.

* * *

Utylitarny, nudny, świadomy społecznie design, o którym Deyan Sudjic pisał, że kojarzy się ludziom z „niedoborami, ubóstwem i protekcjonalnym narzucaniem niższym klasom społecznym rozumienia dobrego smaku przez uprzywilejowane elity" – taki design nie nadaje się na temat dziecięcych książeczek.

Podobnie jak utylitarny, nudny design spod znaku Dietera Ramsa, „suchy poemat moralisty" magnetofonów szpulowych i radioaparatów.

Ale nawet Philippe Starck nie powinien spać spokojnie nad swoimi ośmiornicami w keczupie. Coś się zmieniło. XX wiek należał do przedmiotów. W XXI materialny świat przestał być interesujący. Rzeczy tracą znaczenie. Przestają być sexy. Stają się peryferyjnymi urządzeniami podłączonymi do internetu. Niedługo będą się wynurzać z drukarki 3D jak lody z automatu.

Dlatego marka jest najciekawsza. Zastępuje nam dotyk, zapach i kształt przedmiotów.

FORUM WYCISKARKI

(UTWÓR SCENICZNY)

Na scenie stoi PRODUKT.

Narrator prezentuje OPIS PRODUKTU. Przytacza, znaną nam już, anegdotę o tym, że Philippe Starck doznał olśnienia, gdy jadł przegrzebki (to znaczy: „spędzał czas nad talerzem *frutti di mare*") i że naszkicował swoją wizję na poplamionej serwetce.

Dalej jest mowa o „odzwierciedleniu wizji marki Alessi", o „szerokiej przestrzeni estetycznej", pięknie, funkcjonalności, kreatywności, sztuce, emocjach, muzeach designu. Tekst opisu brzmi jak preambuła do konstytucji, toteż powinien być wygłaszany z odpowiednim patosem.

Na scenę wkraczają internauci: Basia z Czeladzi, Aga Trójmiasto i inni.

Patrzą na PRODUKT i wygłaszają OPINIE.

BASIA Z CZELADZI:
Wyjątkowa, funkcjonalna, super prezent.

NINA (z entuzjazmem):
Super, super, super.

AGA TRÓJMIASTO (energicznie, rzeczowo, w liczbie mnogiej):
Super wyciskarka, terminowa dostawa, bardzo dobry kontakt, dziękujemy.

MzW (pokazując palcami znak cudzysłowu):
To jest ten przedmiot o którym „mówi się" w kuchni.

ALDONA Z SIEDLEC (z naciskiem):
Produkt dizajnerski, funkcjonalny, bardzo pasuje do nowoczesnej kuchni i naprawdę warto go mieć.

TOBIASZ z P-NIA (z lekkim dystansem, przechodzącym w wyrozumiałą czułość):
Salifa nie ma co oceniać, bo jest oceniany (pozytywnie) już 30 lat. Sam bym sobie go nie kupił, uważając za kolejny przedmiot stanowiący w życiu balast, ale dziewczynę fascynuje historia designu, a to przecież tzw. ikona...

BASIA (nieśmiało, tonem usprawiedliwienia):
(...) Starck i jego wyciskarka spełnili moje oczekiwania. Być może jest w tym trochę snobizmu, ale usprawiedliwiam się tym, że człowiek nawet w codziennym życiu potrzebuje trochę piękna... (pauza). Dziękuję za wielki profesjonalizm jeśli chodzi o obsługę klienta.

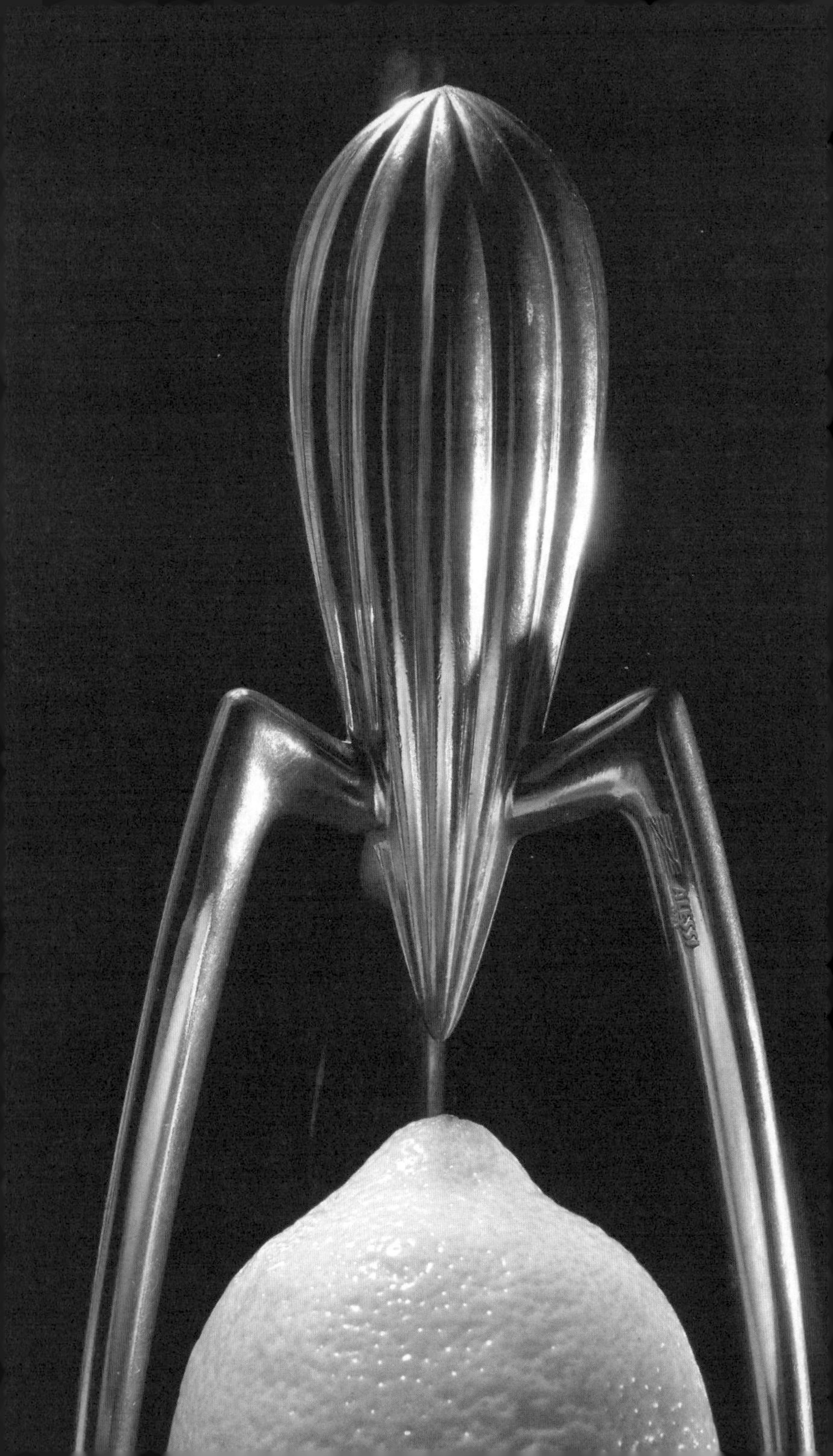

BASIA D z Krakowa (z uśmiechem):
Osoba obdarowana powiedziała że produkt jest przepiękny i magiczny :))) Ze swojej strony dodam że wart swojej ceny, rzecz ze smakiem i gustem idealna na prezent! (...)

MACIEJ (rozsądnie):
(...) większych rozmiarów byłaby dobra do pomarańczy a ta jest super do cytryn i niezła do pomarańczy – polecam.

EWA z BYDGOSZCZY (kokieteryjnie):
Po prostu ALESSI :o) żałuję, że nie kupiłam go już wcześniej, kuchnia na tle wyciskarki prezentuje się nowocześnie i trendowo :o))) przy okazji dziękuję za baaaardzo sprawną przesyłkę.

ELŻBIETA Z TORUNIA (z wdzięcznością):
Postawiłam ją na blacie kuchennym...i jest to dopełnienie nowocześnie urządzonej kuchni :)))
Wygląda przepięknie...zachwyca mnie swoim wyglądem, precyzyjnym wykonaniem...swoją praktycznością. no i design :)))
To jest to czego mi brakowało w kuchni !!!
Zachwyci i zaciekawi każdego kto ją zobaczy :)))
To będzie moja rzeźba kuchenna...cudna ikona stylu !!!

Dziękuję !!!!!

PIOTR (krzyczy):
SĄ RÓŻNE NA ŚWIECIE WYCISKARKI I… JEST WYCISKARKA ZAPROJEKTOWANA PRZEZ PHILIPPE'A STARCKA – NIESPOTYKANE POŁĄCZENIE FUNKCJI UŻYTKOWEJ I… EKSPONATU… CIĄGLE GOTOWEGO NA NOWEGO CYTRUSA!!! (…) JA JĄ MAM! A TY?!

* * *

Oczywiście pojawiają się też głosy krytyczne. Magdalena z Katowic spodziewała się lepszej jakości wykonania. Ktoś używający inicjału R. zwraca uwagę na „niedopracowane krawędzie". KML krytykuje wygląd pudełka: „istny dramat – grafika jak z agd kupionego na targowisku w 90".

Wzmianka o targowisku to najbardziej miażdżąca krytyka, jaką znajdziemy na forum.

Przy okazji można zauważyć jedną z pomniejszych zasad projektowania: poprzednia dekada zawsze jest synonimem obciachu. Ile projektów pogrzebano jednym zdaniem: Ten font (kolor, wzór) wygląda jak z lat siedemdziesiątych / osiemdziesiątych / dziewięćdziesiątych. Przy czym reguła nie obejmuje początku nowego stulecia, gdyż określenie „lata zerowe" jakoś się nie przyjęło.

Ostatecznie nawet monogramistka MML przyznaje, że opakowanie wyciskarki trzeba po prostu szczelnie owinąć papierem prezentowym. Na forum powraca harmonia.

* * *

Gdzieś w mrocznych zakamarkach umysłu rodzi się myśl, że takich ludzi nie ma. Nikt nie siada do kompa, żeby dobrowolnie wystukać słowa „ikona", „klasyka", „ze swej strony dodam".

Komuś kazali. Ktoś odpisał na ogłoszenie („Miesięcznie zlecamy od 10 000 do 30 000 sztuk komentarzy/postów"). Potem wymyślił Monikę, Agę i całą resztę. Ich entuzjazm, zaangażowanie, emocje, z którymi piszą o szczotkach, zmywakach, mikserach i kompletach sztućców.

Ja w to nie wierzę. Oni istnieją. Mówią z głębi serca i bezinteresownie. Bo Forum Wyciskarki to szczęśliwa wyspa. Magiczne miejsce. Urokliwe narzędzie, które wyciska i zbiera pozytywne emocje z całego polskiego internetu.

Pewnego dnia wszyscy tam trafimy.

(Wszystkie cytaty pochodzą z komentarzy na stronie sklepu internetowego, pisownia oryginalna).

ŁAWKA IMIENIA GRAŻYNY KULCZYK

Powinni mi za to płacić. Jestem jak kanarek w kopalni. Żywy tester trendowości. Gdy stężenie designu osiąga pewien poziom, wszystko jedno, w lokalu, w kultowej klubokawiarni, w eleganckim sklepie, mój organizm reaguje paniką. Pojawia się niepokój. Onieśmielenie maskowane nerwowym śmiechem. Narastające objawy somatyczne: przyspieszone bicie serca. Potliwość. Jedna myśl: uciekać. Boję się białych mebli (w każdym razie dopóki się nie zabrudzą). Nierdzewnej stali. Przestronnych mieszkań, które wyglądają, jakby ich właściciele właśnie posegregowali i rozdali całą majętność, czytali wyłącznie e-booki i nigdy, przenigdy, nie kupili dziecku miniatury latarni morskiej w Łebie.

Krótko mówiąc: mam designofobię. Silną niechęć do niektórych wnętrz, kolorów, tworzyw, a nawet krojów pisma. Objawy ustępują, gdy lokal zaczyna się starzeć. Meble pokrywa kurz. Zyski maleją, a publiczność przenosi swoje zainteresowanie w nowe miejsca.

Kiedyś myślałem, że to mój osobisty problem. Potem przeczytałem wywiad z Grażyną Kulczyk, rozwiedzioną żoną oligarchy i mecenaską sztuki. Zrozumiałem, że to nie jakiś personalny świr. To naturalna reakcja, zgodna z intencją projektanta i zleceniodawcy. Najbogatsza Kobieta Europy Środkowej (nie licząc Ukrainy) opowiada o swojej galerii handlowej w Poznaniu:

> Jest to przestrzeń publiczna, która wiele oferuje, ale też stawia pewne wymagania. Wśród odwiedzających nas w pierwszych dniach klientów zdarzali się np. także tacy, którzy (...) zdążyli wypić już kilka piw i wpadali zobaczyć nowe miejsce. Ale niesamowite było to, jak oni reagowali na Browar, jak się „dyscyplinowali". I nawet nie było tak, że ktoś im mówił: „Panowie, fajnie by było, jakbyście tu przychodzili trzeźwi". Nie. Oni sami, wchodząc do Browaru i widząc ten publiczny luksus, chowali za siebie butelki, nagle czuli się skrępowani. A następnym razem przychodzili bez nich.

Więc o to chodzi. Design ma onieśmielać. Dyscyplinować. Pokazywać człowiekowi właściwe miejsce. Strzec hierarchii. Żyrandole, dywany i meble działają jak *door selection*. Przypominają, że nie jesteśmy u siebie. Nadzorują gościa (ręce z kieszeni, nie garb się, schowaj butelkę). Jak w tym wierszu, który zawsze cytują w „Zeszytach Literackich":

> ...bowiem każde miejsce tego głazu
> widzi cię. Musisz twoje życie zmienić.

Bowiem każda klamka i każda płytka marmuru, powiada: „Weź ty się chłopie ogarnij. Ubierz się jak człowiek. Zachowuj się jakoś”. Nawet nie wspominam o kamerach i ochronie na segwayach. Grażyna Kulczyk jest wystarczająco bogata, żeby mówić szczerze. Nic nie ogranicza jej ekspresji, więc śmiało rozwija swoją myśl:

> Moim zdaniem, gdyby tu przyszli urzędnicy, którzy się zajmują tematami społecznymi, toby zobaczyli, jak można budować wspólnie społeczne normy. Wcale nie przy pomocy policji, nakazów, zakazów, ale właśnie estetyki. Nie wolno równać w dół, trzeba równać w górę. Szacunek za szacunek.

Całą rozmowę opatrzono tytułem *Potrzeba publicznego luksusu*.

* * *

– Co to jest dom społeczny? – spytało dziecko.

– Masz na myśli dom opieki społecznej? – odgadła moja żona.

– Chyba tak.

– No, wiesz, jeśli ktoś jest bardzo chory albo stary, albo niesamodzielny, to może mieszkać w takim domu, mieć opiekę...

Dziecko spojrzało na nas z wahaniem.

– I tam się chodzi?

– No tak. Na przykład w odwiedziny.

– A przestrzeń?

– Co przestrzeń?

– Co to znaczy „przestrzeń społeczna”?

– Nie wiem – skapitulowała żona. – Może chodzi o przestrzeń publiczną?

– Tak, publiczną! – rozpromieniło się dziecko. – Więc co to jest dom publiczny?

* * *

Przestrzeń publiczna.

Na przykład plac. Kiedy wprowadziłem się na Grochów, była tu trawa, niedopałki, a także topole i alkoholicy. Pierwszego dnia jeden z nich zerwał się na mój widok. Może nie tyle zerwał, ile ostrożnie zmienił położenie. Zrobił kilka kroków i o coś spytał. Nie zrozumiałem ani słowa, a gość z napięciem czekał na odpowiedź.

– Za piętnaście czwarta – rzuciłem na próbę.

– Ale jaki dzień, kurwa, jaki dzień? – jęknął.

Minęło parę lat i urządzili w tym miejscu salon dzielnicy. To znaczy:

- wycięli topole,
- trawniki wyłożyli kamieniem (na marginesie: siki nie wsiąkają w granit),
- zbudowali strzeliste ławki.

Wgłębione siedzisko z drewnianych żerdek i odchylone oparcie. Całość wysoka na jakieś dwa metry. Forma ławki nawiązuje do kształtu pobliskiego kościoła, modernizmu skrzyżowanego z gotykiem.

Warto zauważyć, tendencja salonowa najlepiej i najpiękniej wyraża się w sporze o ławki. Jak wiadomo, siedzisko przyciąga pijaków. Młodzież. Bezrobotnych. Lumpenów. Jednym słowem, ludzi, którym się nie spieszy.

Dlatego mieszkańcy domagają się likwidacji ławek przy okazji kolejnych rewitalizacji i remontów.

No, ale nie. Przecież tak nie można. Bo jednak są matki z dziećmi. Rodzice muszą gdzieś przysiąść, kiedy ich malec śmiga na deskorolce po nowej kostce Bauma. I nawet staruszek z grupy 50+ chciałby przycupnąć i popatrzeć na nową fontannę, kiedy już zrobi zakupy w aptece „Zdrowy Rabat".

Ławki są niepożądane, ale jednak są potrzebne. Rozwiązanie tej fundamentalnej sprzeczności – to zadanie dla designerów i architektów. Tutaj potrzeba inteligentnego miejskiego mebla dla dobrych obywateli.

Dlatego ławka waży pięć ton, nikt jej nie przeniesie. Jest, tylko usiedzieć się na niej nie da. W każdym razie nie dłużej niż pięć minut. Potem – marsz do roboty. Albo szukać miejsca w noclegowni.

* * *

W Szczecinie, jak donosiła „Gazeta Wyborcza", przystanki koło dworca kolejowego były oblegane (to nie mój dobór słów) przez bezdomnych. Spali na ławkach i pili alkohol.

ZDiTM i właściciel wiat przystankowych, firma AMS, znaleźli kompromisowe rozwiązanie – oparcia zamiast ławek. Zamocowane pod skosem, na odpowiedniej wysokości.

– Podpatrzyliśmy to w Niemczech, dokładniej w mieście Kassel – tłumaczy Dariusz Wołoszczuk, rzecznik ZDiTM. – Takie konstrukcje są udogodnieniem dla pasażerów, a nie przyciągają osób, które chciałyby się na przystanku przespać.

FRYZJER Z MIASTECZKA

Pani arystokratka szukała grafika.

Pani arystokratka była arystokratką w taki sposób, jak ktoś inny jest strażakiem albo radcą prawnym. Miała męża w korporacji, garstkę dziatwy i zapragnęła wydać drukiem historię o dzieciństwie swojej prababci. Taka publikacja – twierdziła – będzie ogromnie atrakcyjna dla współczesnych dzieci. Zachowały się albumy. Dwór, kucyk, mama z parasolką, papa z flintą. Polowania dla chłopców. Piękne stroje dla dziewczynek. To skieruje uwagę na wartości takie jak patriotyzm i pamięć o korzeniach. I oczywiście – wszystkie fotografie w sepii.

– Damy tytuł *Jak żyły nasze prababcie*. Na przykład pokażemy, jak sto lat temu odbywało się strzyżenie. Dla współczesnych dzieci to będzie bardzo ciekawe. Otóż z pobliskiego miasteczka przychodził fryzjer. W ogrodzie ustawiano plecione krzesło...

I rzeczywiście – miała zdjęcie. Blond loki, słońce w gałęziach lipy, cienie na białej pelerynce. Jeszcze nie było za późno. Mogłem wykazać entuzjazm dla pożytecznej publikacji i obiecać, że pięknie ją zaprojektuję.

Niestety, wciągnął mnie wir społecznych refleksji.

Najciekawszy wydał mi się ten fryzjer. Przychodził na piechotę, czy może wysyłali po niego podwodę? Wchodził do dworu śmiało? Zabawiał dzieci żartami? A może onieśmielony mamrotał coś pod nosem i gniótł czapkę w dłoniach? To bez sensu, trudno sobie wyobrazić fryzjera w czapce. A kiedy przyszło co do czego, to czy rabował razem z innymi? Wziął coś na pamiątkę? Walnął kamieniem w lustro?

* * *

No i w końcu nie zaprojektowałem tej książki.

A tak naprawdę, to pomyliłem godziny i spóźniłem się na spotkanie. Pani arystokratka od początku uznała, że jestem niepoważny.

SZAFA I ŚCIANA

Pracowałem w dzienniku, gdzie do moich obowiązków należało wybieranie obrazków. Zadanie nie było szczególnie skomplikowane. Trwała wojna. Agencje fotograficzne codziennie dostarczały setki megabajtów zdjęć. Helikoptery wzbijały obłoki kurzu, wozy humvee pędziły po ulicach Bagdadu. Strony zagraniczne wyglądały jak plakat do filmu Ridleya Scotta.

Na kolumnach sportowych dawaliśmy fotografie pływaków w lazurowych basenach lub piłkarzy w locie (wykrzywione twarze, kolorowe koszulki, zielona murawa w dole). Dział naukowy dostarczał infografik. Kulturę dawało się jakoś obskoczyć kadrami z premier filmowych lub portretami Michela Houellebecqa.

Tylko kolumny krajowe pozostały szarą plamą. Liszajem na ciele gazety. Zwłaszcza od października do maja, gdy trwała noc polarna, a kraj rozmywał się w mgle, dymie i żółtym biurowym świetle.

Szefowie chcieli europejskiej, nowoczesnej gazety, interesującej i przyjemnej. Tymczasem najważniejsze kolumny wypełniały zdjęcia katastrof, zbrodni i konferencji prasowych. Z obrazków spoglądali bladzi mężczyźni w garniturach i sutannach. Politycy, prokuratorzy, celnicy, pracownicy nadzoru górniczego oraz rzecznicy kurii. Zza ich pleców wypełzły przedłużacze, kontakty, a także:

- kompozycje z zasuszonych roślin,
- puchary za uczestnictwo i zajęcie trzeciego miejsca,
- dyplomy uznania,
- zielone i czerwone skoroszyty,
- makatki,
- święte obrazy,
- kalendarze centrali nasiennej.

Straszne biura. Koszmarne mieszkania. I wszystko utrzymane w kolorze zupy jarzynowej.

* * *

Siedziałem w pospiesznie zbudowanym biurowcu. Miałem pod stopami wykładzinę podłogową, a za oknem parking, magazyn, billboard z reklamą dewelopera („Zamieszkaj w zielonym parku"). Tkwiłem między palarnią a dystrybutorem batoników, wściekły, że świat na zewnątrz nie jest wystarczająco efektowny, a zdjęcia nie przypominają kadrów z serialu.

Kiedy wystarczało czasu – a bohater tekstu chciał współpracować – można było zaaranżować sesję fotograficzną na dachu biblioteki uniwersyteckiej

(#modernizacja), na moście Gdańskim (#brutalizm) lub przed Pałacem Kultury (#brudnypiaskowiec, #stalinizm).

Często ratował nas sejm. Dziękowałem w myślach Bohdanowi Pniewskiemu za eleganckie, białe wnętrza parlamentu. A także nieznanemu tapicerowi, który obijał fotele w sali plenarnej. Zielony plusz roztaczał jakąś specjalną poświatę – i uważałem go za jeden z największych walorów polskiego systemu politycznego. Poza tym szansę na czysty kadr i atrakcyjne kolory dawały telewizyjne konkursy talentów lub msze z biskupami w złotych szatach. Tylko telewizja i Kościół potrafią zadbać o drugi plan (co jakoś tłumaczy kształt życia publicznego w Polsce).

W każdym razie zrozumiałem zagadnienie figury i tła. Pal sześć figurę. Dajcie mi tylko jakieś porządne tło... Co ja bym wtedy oddał za kawałek gładkiej ściany! Albo za ogromny apokaliptyczny odkurzacz. Wziuuum!

* * *

Nad Wisłą szafa kojarzyła się z Freudem (za sprawą fraszki Słonimskiego). Bez sensu. Powinna być symbolem modernizmu. W 1923 roku Le Corbusier pisał:

> Żądajcie gołych ścian w sypialni, salonie i jadalni. (...) Kupujcie tylko praktyczne meble, nigdy dekoracyjne. (...) Przechowujcie waszą kolekcję

> w szufladach lub szafkach. (...) Aby utrzymać parkiety w czystości, usuńcie meble i wschodnie dywany.

Wziuuum! Przy okazji Corbu wyliczał dozwolony inwentarz:

> Pokój: wolna powierzchnia, łóżko do odpoczynku, krzesło do swobodnej pracy, szafki do szybkiego układania wszystkiego *in its right place*.

Najwyraźniej nowoczesna architektura zaczęła się od pragnienia ściany i szafy. Jedno wynika z drugiego. Żeby mieć czystą ścianę, musisz gdzieś zapakować cały bałagan. Le Corbusier chciał nauczyć ludzkość odkładania rzeczy na swoje miejsce. *In its right place!*

* * *

W pierwszym numerze kwartalnika polskich modernistów „Praesens" Szymon Syrkus pisał z entuzjazmem:

> W garderobie najważniejszym meblem jest szafa (ale nie szafa-pudło drewniane). Wbudowana we właściwem miejscu, skonstruowana celowo jako aparat do przechowywania rzeczy najrozmaitszej kategorji, odznacza się szafa współczesna tem, że zajmuje mało przestrzeni, a jest bardzo pakowna. Każdy rodzaj ubrania ma odpowiednio

> do swego kształtu urządzoną część szafy, każdą rzecz tedy łatwo można schować i równie łatwo wyjąć. Szafy wykonywane są teraz fabrycznie bądź z metalu, bądź z drzewa. Każdy dzień przynosi nowe ulepszenia: inny system przegródek, jeszcze jeden typ zawiasów, zmiany w systemie drzwi żaluzjowych itp. itp. Wszystkich inowacyj niepodobna wprost wyliczyć (...).

Na tej samej stronie był jeszcze wyimek, złożony wersalikami: „Przemysł pomaga architektowi osiągnąć jeden z celów architektury – porządek i wynikające zeń piękno".

* * *

Dwa lata po publikacji Syrkusa zacna pani Maria Morozowicz-Szczepkowska pisała:

> zniszczyliśmy niesławiące nas znamiona niewoli, cerkwie, obeliski, pomniki carów i kajzerów – z wnętrz naszych domów wydalić też musimy bezapelacyjnie wiedeńskie secesje, plusze, dywany berlińskie, tandety wszelkiego rodzaju i pochodzenia (...) [P]rzecież posiadamy nasz własny język: polską sztukę zdobniczą.

Zwolennicy stylu narodowego walczyli z kosmopolityzmem (brudnym, złym, zabałaganionym). Zamierzali wyrzucić wraże kanapy i umeblować domy prapolskimi ławami i zydlami. Powiesić na ścianach kilimy z ludowym wzorem.

Wyznawcy stylu międzynarodowego domagali się form oczyszczonych z lokalnych wpływów. Chcieli szkła i giętych rur. Relingów i bulajów. Rozrzucali funkcjonalne skorupki od Moskwy po Addis Abebę czy Tel Awiw (niektóre przetrwały i stoją w upadłych miastach, jak pomniki obcej cywilizacji).

Wszyscy chcieli robić porządki. Ład! – mówili. Przedmioty muszą reprezentować styl i ducha epoki. Pasować do siebie jak sztućce z jednego kompletu. Wołali:

– Marsz do swojego pokoju! Robić porządki, bo jak nie, to szlaban.

Wszystko na nic. To nie mogło się udać. Minęło sto lat, a my dalej bałaganimy... Rozrzucamy skarpetki, koszule i buty, stare gazety i nowe książki. Wieszamy zdjęcia, reprodukcje, plakaty i złe obrazy. Ulegamy impulsom. Kupujemy tandetę. Zapadamy się w chaos. Pozwalamy, żeby o kształcie naszych mieszkań i miast decydował przypadek.

* * *

Jeżeli coś ukazało się w latach dwudziestych lub trzydziestych, mimowolnie odejmujemy daty. Jeszcze dziesięć, jeszcze siedem, jeszcze trzy lata. Opowieści o czystości i porządku nie brzmią już tak dobrze.

Mentalny kalkulator przypomina, że wkrótce ludzie szukali schronienia w szafach, skrytkach, piwnicach, na strychach, pod podłogą. Zniknąć, byle zejść z oczu porządkującej nowoczesności.

* * *

Steve Jobs – jak wiadomo – zawsze występował w tym samym stroju: niebieskich dżinsach i czarnym półgolfie. Wyobrażam sobie jego garderobę, ogromniastą szafę, gdzie w równych stosikach leżą identyczne spodnie i koszulki złożone w kostkę.

Człowiek, który pokonał skarpetki. Jak postać z SF. Facet w skafandrze albo w brązowym gieźle wojownika Jedi. Przybysz z przyszłości, z epoki, gdy ludzkość uwolniona od innych trosk nie traci już czasu na zastanawianie się, co dziś włożyć. Myślę, że Le Corbusier byłby zachwycony. I Szymon Syrkus także.

Pod koniec XX wieku z Doliny Krzemowej przybyła odsiecz. Był nią „aparat do przechowywania rzeczy najrozmaitszej kategorji". Komputery okazały się naszymi szafami. Smartfony – obiecaną maszyną z mnóstwem przegródek (przeglądanych czujnym okiem NSA). Internet wysysa nam z mieszkań książki i płyty. Pochłania gazety. Zabiera albumy z fotografiami. Połyka nawet celofanowe segregatorki rozdawane w fotolabach (kto jeszcze robi odbitki, no, może czasem dla babci). W rurze znikają także:

- notesy z telefonami,
- budziki,
- kalkulatory,
- radia,
- odtwarzacze CD...

Co daje pewną szansę na zaprowadzenie porządku w naszych wnętrzach (z której oczywiście nie skorzystamy).

POD MASKĄ

– Daj zegarek – powiedział – otworzę go scyzorykiem. Wiem, jak to się robi, otwierałem już zegarek mego taty.

Sempé i Goscinny, *Rekreacje Mikołajka*

Ożywa, zaczyna chrobotać. Ekran już świeci, a w środku coś się mieli, warczy, uciera. Jeszcze chwila, komputer się obudzi i cały świat wróci do życia. Wrócą zdjęcia z wakacji, list od nigeryjskiego ministra, zaproszenia, pliki Worda, arkusze kalkulacyjne. Wszystkie prace zaczęte, porzucone, rozrzucone po biurku, pochowane w zapomnianych szufladach. Z przyjemnym pluskiem wpadną nowe maile, oferty i zaproszenia. Przywędrują misie koala, maleńkie wombaty i zamachy bombowe.

Kiedyś na ekranie pojawiało się logo uśmiechniętego Macintosha i pasek postępu… Lubiłem ten widok: wąski prostokąt nabierał koloru w miarę, jak maszyna budziła się do życia. Później pasek zastąpiono wirującym kołem. To chyba lepiej oddaje naturę czasu. Animowany wiatrak może się kręcić bez końca. Postępu nie widać i nigdy nie wiadomo, ile nam zostało do mety.

Więc jeszcze jeden obrót korbą i silnik na pewno zaskoczy. Tym razem jakoś za długo to trwa. Czemu jeszcze się nie włącza? Pokasływanie motoru.

Aż kiedyś naprawdę się nie włączył.

* * *

Dysk padł (związek frazeologiczny sugeruje, że dyski umierają jak zwierzęta). Nie umiałem mu pomóc. Dzień zmienił się w bezsenną noc, a rano, po wyczerpaniu wszystkich domowych sposobów (włączaniu, wyłączaniu, telefonach do znajomych), zwróciłem się o pomoc do specjalnej firmy. Ktoś mi ją polecił, nosiła nazwę „Jak Trwoga. Chrześcijańska Służba Naprawy Komputerów".

Pojechałem na koniec miasta i nie żałowałem. Dobrzy chrześcijanie przywrócili trupa do życia. Po czym wystawili rachunek. Cuda bywają drogie.

– Dlaczego tyle? – spytałem niewdzięcznie.

– Dwadzieścia siedem – wyjaśnił chrześcijanin.

– Dwadzieścia siedem czego?

– Śrubek, mój bracie. W tym modelu trzeba odkręcić dwadzieścia siedem śrubek, żeby się dostać do dysku.

Zapłaciłem bez dalszych dyskusji.

* * *

Na pewnym etapie komputeryzacji istniała kategoria wtajemniczonych.

– Ten to się zna na komputerach – mówiono.

Komputery wyglądały jak bebechy starego radia nakryte kawałkiem szarej blachy. Prawdziwi fachowcy bezustannie grzebali we wnętrznościach swoich maszyn. Składali je z kawałków. Robili jakieś zakupy na giełdzie. Coś przykręcali i zdarzało im się użyć lutlampy.

Mój poprzedni..., nie, mój przedpoprzedni macintosh należał jeszcze do tamtych czasów. Miał kształt kwadratowej poduszki z turkusowego i białego plastiku. Z boku na obudowie znajdowało się wypukłe jabłko, a nad nim rączka. Elegancka klamka zapraszała: „zajrzyj pod maskę". Jeden ruch i mac otwierał się niczym kuferek, prezentując przestronne i eleganckie wnętrze. Był to łabędzi śpiew Epoki Grzebania.

* * *

W latach mojego dzieciństwa rozkręcanie przedmiotów należało do chłopięcych i męskich rytuałów. Zaczynało się od zegarków, telefonów, odbiorników radiowych.

No i oczywiście mój ojciec był seryjnym rozbieraczem. Kiedyś kierowany ciekawością rozłożył na części telefon „Bratek" i nie potrafił zmontować go z powrotem. Niezrażony pożyczył drugi aparat. Dla pewności ten także rozebrał, ale historia się powtórzyła, więc musiał znaleźć kolejny egzemplarz, a potem... Dopiero moja matka kazała mu przestać i jakoś przerwała tę reakcję łańcuchową, bo inaczej w mieście nie ocalałby ani jeden telefon.

Ja tak nie potrafiłem. Nie dawałem sobie rady nawet z enerdowskim konstruktorem. Ojciec – w ramach dobrotliwej pedagogiki – dawał mi do zabawy jakieś zepsute radyjka w nadziei, że odezwie się we mnie zew krwi, obudzi ciekawość, przemówi utajony inżynierski instynkt. Nic z tego. Śrubokręt ślizgał się po śrubie, a kiedy już grot znalazł oparcie, zawsze obracałem go w złą stronę i, zamiast odkręcać, dokręcałem tak mocno, że części zaczynały trzeszczeć.

* * *

Prawdziwym mistrzem był nasz sąsiad. Urzędnik bez szans na awans, śledziennik, którego małżeństwo zamieniło się w ponury ciąg wzajemnych pretensji (cienkie ściany sprawiały, że cały blok znał szczegóły). Wystarczył jednak cieplejszy dzień, by facet odżył. Zdejmował garnitur, wyruszał w świat. Ubrany w spodnie od dresu, uzbrojony w komplet szczotek i gąbek, brał z sobą plastikowe wiaderko, płyn „Ludwik", kraciasty kocyk. Szedł na parking.

Zaczynał od niewinnych igraszek w pianie. Od pierwszych delikatnych muśnięć. Polewania wodą, mydlenia pleców, polerowania erogennych stref syrenki. Później rozochocony nurkował pod maskę, wpełzał pod podwozie, zagłębiał się w tajemne cieśnie silnika, gdzie dojrzewał – jak pisali w lekturach szkolnych – „płomienny, gorący, darzący cichą i tkliwą uciechą owoc potężnej jego rozkoszy". Spod samochodu wystawały drżące nogi. Dobiegało sapanie i pochrząkiwania.

Odgłosy niosły się nad parkingiem. Mieszały z jękami innych mężczyzn zespolonych ze swoimi wartburgami i zastawami. J.G. Ballard nie opisałby tej orgii.

Płynie z tego wniosek, że samochody były wówczas bardziej zawodne, a w telewizji dawali same nudy. Dzisiaj mamy kablówkę. Ale żeby tknąć silnik, trzeba wcześniej zrobić doktorat z części zamiennych.

* * *

Kiedy w naszych domach pojawiły się komputery, potraktowaliśmy je jako coś w rodzaju kolejnego radia. Apple-1, ten zbudowany w garażu, wyglądał zupełnie niewinnie. Drewniana szuflada z jakimiś podzespołami, kablami i taśmami. Coś dla majsterkowicza (żal, że w „Młodym Techniku" czytałem tylko opowiadania SF).

Jeszcze mój laptop – ten uratowany przez chrześcijan – miał solidny ciężar. Był gruby jak kanapka do szkoły. I wprawdzie dostępu do wnętrza bronił pluton śrubek, ale człowiek ze śrubokrętem zdołał je sforsować (wyrzekł słowo i uleczył dysk mój).

Potem było gorzej. Kolejne modele robiły się coraz chudsze. Jak w filmie *Miki i cudowna fasola*, gdy wygłodniały Miki kroi resztkę chleba, a przezroczysta kromka powiewa w powietrzu niczym muślin i kreśląc arabeski, wolno opada na talerz Goofy'ego.

W styczniu 2008 roku Steve Jobs – ascetyczny ojciec pustyni – przedstawił światu najcieńszy laptop świata. Był to MacBook Air (w najwęższym miejscu zheblowany do 4 milimetrów). Słowo „Powietrze" – wskazało kierunek dalszego rozwoju.

Podczas kolejnych konferencji firma Apple obwieszczała, do ilu milimetrów udało się rozwałkować ciasto… Kilka lat później Jobsa zabrakło, a internet drwił z wadliwych, wyginających się iPhone'ów. Niesłusznie. Nawet jeśli to był wypadek przy pracy, to rekordowo cienki gadżet wyrażał istotę ewolucji. Smartfon stał się już prawie tak bezcielesny jak zwiewne kromki z filmu Disneya.

I prawie nikt nie widział, co ma w środku, oprócz sterroryzowanego robotnika jakiejś fabryki w Chinach.

* * *

Miałem kiedyś tani budzik Brauna, zaprojektowany w połowie lat osiemdziesiątych pod nadzorem słynnego Dietera Ramsa, zgodnie z wszystkimi przykazaniami braunowskiego funkcjonalizmu.

Gdyby design przestrzegał ułożonego przez Ramsa dekalogu, byłby bardzo porządnym nudziarzem… Innowacyjny, użyteczny, uczciwy, ładny, dyskretny, pełen prostoty i zatroskany o środowisko – OK, gościu, mogę na ciebie zagłosować. Z jakiej listy startujesz?

Mój budzik też był ładny, prosty i do bólu uczciwy. Szczególnie o siódmej rano, walił prawdę prosto w oczy.

Jednak pod żadnym pozorem nie należało go oddawać w ręce zegarmistrza. Po naprawie na miękkim plastiku zostawały ślady rysich pazurów, głębokie, nieusuwalne szramy. Byłem wściekły na barbarzyńcę z lupą w oku i na siebie, że wydałem na zniszczenie taki piękny, delikatny i minimalistyczny przedmiot. Ostatecznie nie musiał chodzić. Lepiej dwa razy na dobę wskazać właściwą godzinę, niż cały czas obnosić blizny.

Uważałem, że budzik zgrzeszył przeciw siódmemu przykazaniu Ramsa (bądź trwały). Teraz myślę, że mój zegar po prostu nie chciał być otwierany.

* * *

W projektach dla Apple'a, designer Jonathan Ive kroczył tą samą ścieżką. Tworzył obiekty coraz bardziej monolityczne, nieprzeniknione, odrębne. Dowodząc, że w projektowaniu elektronicznych gadżetów nie chodzi o prostotę i łatwość obsługi. To tylko środki. Naprawdę liczy się to, żebyśmy nie pchali do środka paluchów.

Łysiejący jegomość z trzeciego piętra mógł penetrować wnętrze swojej syrenki. Geek z łupieżem, gostek od IT, ambitny czytelnik pisma „Bajtek" – bezwstydnie dobierali się do dysku komputera.

Z tym już koniec. Szlus. Nigdy więcej zaglądania pod maskę. Żadnego bębnienia po klawiszach. Możemy tylko wodzić dłonią po ekranie. Przyciskać nos do szyby i zaglądać na drugą stronę.

Nasze skarby są już gdzie indziej. Nie wiadomo nawet, do kogo należą. Wiszą gdzieś w chmurze. Tablet nie jest pudełkiem na nasze rzeczy, a komputer przestał być skrzynką. Zamienił się w szybę.

Na pulpicie z upodobaniem umieszcza się zdjęcia przestworzy, obłoków, galaktyk, tworząc iluzję spoglądania przez okno lub iluminator.

Z pomocą kamery można zamienić telefon i tablet w ruchomy kadr, przez który patrzymy na otoczenie. Zwłaszcza na obiad. Kawę. Urocze figle naszych brzdąców.

Ramki stają się coraz cieńsze. Komputer zamienia się w kolorowy witraż.

Na końcu drogi – elektroniczne sprzęty muszą zniknąć, roztopić się, zdematerializować. Stać się powietrzem, którym oddychamy. Design porzuca rzeczy i dąży do bezcielesności. Obiecuje nam wniebowstąpienie. Świat materialny został w Shenzhen.

GALAXIE 500

Opowiadanie *Legenda o pięknej Julci* dzieje się w latach sześćdziesiątych. Jest materiałem na skromny i niezbyt długi film drogi: tytułowa bohaterka przyjeżdża do Czech, żeby odzyskać resztki rodzinnego majątku, odwiedza ludzi, którzy znali jej matkę i ojczyma. Musi – jak pisze Hrabal – stąpać po własnych dywanach i wysłuchiwać tłumaczeń:

> mecenas nastroszył szczoteczki brwi, (...) i powiedział, że jego ręce są czyste, że wprawdzie wszystkie te rzeczy przynosiła do niego moja matka, wszystkie te perskie dywany, tę miśnieńską i sewrską porcelanę, te holenderskie oryginały i te sztućce, i zastawę stołową (...), ale tego wszystkiego on, adwokat rodziny, użył jedynie w tym celu, aby najpierw oddalać wywiezienie rodziny Krimów, potem zaś przez wojnę wysyłać całej rodzinie paczki do obozów koncentracyjnych.

W tekście Hrabala kilkadziesiąt razy pada nazwa samochodu, którym podróżuje Julcia:

> Przed dwunastu godzinami oponami swojej galaxie 500 przekroczyłam granicę państwa.

> (...) ja, Julcia Krim, przyjechałam swoją galaxie 500 do kraju po raz pierwszy od czasu, kiedy...

> Wyszłam, wśliznęłam się do galaxie 500, położyłam ręce i głowę na kierownicy.

> A galaxie 500 poddawała się moim imperatywnym rękom, przejeżdżałam ulicami Pragi...

I tak dalej.

Bohaterka przyjeżdża z Londynu. W tekście pojawia się wzmianka o Paryżu. Można się spodziewać, że będzie podróżować którąś z europejskich marek. Austinem, którymś z modeli forda Anglia, simką, citroënem albo peugeotem.

Początek lat sześćdziesiątych to epoka małych europejskich samochodów. Okrągłe reflektory nadawały im wyraz zdziwienia, charakterystyczny dla postaci z filmów rysunkowych. Świetnie pasowały do humorystycznych obrazków, wystarczyło przedstawić czteroosobową rodzinę burżujów, tatę, mamę i naburmuszone nastolatki, gdy upychają bagaże, by ruszyć na wakacje (pierwsze pokolenie korzystające z dobrodziejstwa płatnych urlopów i masowej turystyki). Jak zabawnie!

Ford galaxie był inny. Przyjechał z Ameryki. Nawet na zachodnioeuropejskich drogach musiał się rzucać

w oczy, a co dopiero w Czechosłowacji. Olbrzymi kolorowy piorun z mnóstwem ostrych kątów. Kanciasty hołd dla *Herr* Brauna i innych konstruktorów rakiet. Bo galaxie zawdzięczał swoją nazwę kosmicznemu wyścigowi. W 1961 roku Gagarin wykonał pierwsze okrążenia wokół Ziemi, a prezydent Kennedy zapowiedział, że do końca dekady Amerykanie postawią stopę na Księżycu. Wkrótce kosmiczna moda opanowała wszystkie dziedziny życia. Nawet Tom i Jerry zmienili kształt, kot schudł, wydłużył się, jego kanciaste uszy przypominały teraz skrzydła rakiety.

* * *

Dzięki galaxie bohaterka przemieszcza się jak kometa. Albo Małgorzata na miotle. Julcia przelatuje nad ziemią w amerykańskiej rakiecie.

> bo ja nie potrafię już rozróżniać: wniebowstąpienie Chrystusa to dla mnie to samo, co odpalenie i start rakiety „Atlas", której motory pracują z siłą ciągu stu sześćdziesięciu ton – mówi.

Intensywne emocje ogląda przez szybę samochodu. Opisuje swoje przeżycia, jakby dotyczyły kogo innego. To tworzy nastrój opowiadania, podkreśla jego ostentacyjną bajkowość.

Legendę przeczytałem w latach, kiedy rzadko wspominano o Zagładzie. A tym bardziej – o żydowskich majątkach. Dlatego, mimo bogactwa symboli, intensywności opisów, odwołań do Thomasa Traherne'a, mimo ogłuszającego piękna tej prozy – już zawsze będzie to dla mnie opowieść o mieniu pożydowskim.

Później poznałem wiele innych historii. Później pokazano mi starszego pana, który wydawał Żydów za worek cukru. Usłyszałem o mordach popełnianych dla srebrnej łyżeczki, ostatniego dolara, krowy, mieszkania, prześcieradeł czy obrusów.

To później. Najpierw przeczytałem tę bajkę, której bohaterowie byli stereotypowo wręcz bogaci. Nawet Julcia – wywieziona w tendrze lokomotywy – wracała ogromnym luksusowym autem. Prozę Hrabala ozdabiały eleganckie rekwizyty, meble, dzieła sztuki i dywany, ale to nieważne. Tutaj po raz pierwszy uderzyło mnie przeczucie, że przedmioty to wszystko, co po nas zostaje. Jedyna forma nieśmiertelności, na jaką możemy liczyć.

* * *

Na końcu wydarza się cud. Hotelowy portier zwraca Julci niedokończony sweter, „przebity dwoma drutami jak serce Chrystusa":

> rozwinęłam niedokończony sweter. I zalśniły tam kolczyki mamy, wysadzane drogimi kamieniami i brylantami broszki mamy, i naszyjnik,

> wszystko, co znałam, jakie sama przed lustrem przymierzałam (...)

A potem, kilka stron dalej, jeszcze jeden symetryczny błysk, finałowa scena:

> Kilkoro bawiących się na podwórzu dzieci, dziewczynek i chłopców, wydawało mi się igrającymi klejnotami. I wcale nie chciałam wiedzieć, że te dzieci urodziły się ani że muszą umrzeć, bo w tej chwili wszystkie rzeczy pozostawały takie, jakie były i gdzie były. Wieczność objawiła mi się w blasku tego zachodzącego dnia, za każdą rzeczą i za każdą osobą ujrzałam coś nie mającego końca.

Dzieci przez chwilę wyglądają jak kamienie – i przez tę sekundę nie podlegają śmierci. Matka zmartwychwstaje w błysku brylantów.

* * *

Może dlatego zawsze majaczy nadzieja, że z pomocą przedmiotów można coś ochronić, uratować, odbudować.

WIEDEŃSKIE KRZESEŁKO

Niedawno ktoś zbudował tam stadninę. Są stajnie i rezydencja w stylu dworkowym. Wszystko wygląda, jakby wypadło z drukarki 3D.

Kilkanaście lat temu stał w tym miejscu dom kryty eternitem. Składał się z jednej izby. Świeciły się z dala pobielane ściany oraz jedna żarówka, odkąd doprowadzono prąd. Tu po raz pierwszy zobaczyłem podłogę z gliny oraz ludzi, którzy nie umieli pisać ani czytać. On był wielki i pogodny. Porozumiewał się jakimiś chrząknięciami i pomrukami. Ona – energiczna, bezzębna i gadatliwa. Chyba rzadko miała okazję z kimś porozmawiać.

Zapamiętałem dwie historie. Pierwszą o tym, że opodal pochowano niemieckich żołnierzy. Podobno straszyli, kiedy zbierała jeżyny. Wstawali, w płaszczach narzuconych na głowę, i wyli. Staruszka z upodobaniem naśladowała to „auuu" i nawet w świetle dnia brzmiało dość upiornie. Wiele lat tak straszyli – opowiadała – aż w końcu przestali.

– Poszli. Widać dusze wróciły do Niemiec – kończyła zupełnie rzeczowym tonem.

Druga opowieść dotyczyła jedynej w życiu podróży. To było zaraz po wojnie. Wszyscy jeździli na szaber. Więc i ona ruszyła na ziemie odzyskane. Wiele dni tłukła się jakimiś pociągami. Zatrzymywały się w szczerym polu i znów ruszały, przez zniszczony kraj, przez jakieś miasta i wsie, o których nigdy nie słyszała.

Kiedy dotarła na miejsce, okazało się, że jest już za późno. Wszystko rozszabrowane. A jednak coś znalazła i przywiozła z powrotem. Tymi pociągami, przez zniszczony kraj i tak dalej.

Było to zniszczone wiedeńskie krzesełko. Mebel z giętego drewna, naśladownictwo Thoneta. Czterdzieści lat po wojnie pokazywała to krzesełko jako dowód, że kiedyś życie uśmiechnęło się i do niej.

Któregoś roku zobaczyłem, że dom stoi pusty. Podwórze zarosło chwastami. Widać poumierali. Widać rodzina sprzedała ziemię. Potem ktoś kupił teren. Zbudował dom i stadninę. Los krzesła nie jest znany.

ŹRÓDŁA CYTATÓW

LITERATURA

Janet Abramowicz, [w:] Andrzej Turowski, Milada Ślizińska, *Teresa Żarnowerówna. Artystka końca utopii*, Łódź 2014.
Wojciech Borowik, Tomasz Kuczborski (red.), *N jak nowa. Od wolnego słowa do wolności*, Warszawa 2012.
Olgierd Budrewicz, *Baedeker warszawski*, Warszawa 1958.
Aleksander Chodźko, *Dokładny słownik polsko-angielski i angielsko -polski: czerpany z najlepszych źródeł krajowych i obcych, a mianowicie ze słowników polskich: Lindego. Mrongoviusa i Ropelewskiego, z angielskich: Johnsona, Webstera, Walkera, Fleming-Tibbinsa i innych*, Warszawa 1929.
Frederick Forsyth, *Dzień Szakala*, przeł. S. Wilkosz, Warszawa 1993.
Adrian Frutiger, *Człowiek i jego znaki*, przeł. Cz. Tomaszewska, Warszawa 2003.
Konstanty Ildefons Gałczyński, *Deszcz*, [w:] tegoż, *Poezje*, t. 2, Warszawa 1979.
Konstanty Ildefons Gałczyński, *Wit Stwosz*, Warszawa 1979.
Zbigniew Herbert, *Elegia na odejście*, Paryż 1990.
Zbigniew Herbert, *Hermes, pies i gwiazda*, Warszawa 1957.
James Herriot, *Wszystkie stworzenia małe i duże*, przeł. I. Doleżal-Nowicka, Warszawa 1980.
Bohumil Hrabal, *Legenda o pięknej Julci*, [w:] Bohumil Hrabal, *Legenda o pięknej Julci i inne opowiadania*, przeł. A. Ścibor-Piotrowski, Kraków 1990.
Grzegorz Kowalski, Maryla Sitkowska (red.), *Powinność i bunt. Akademia Sztuk Pięknych w Warszawie 1944–2004*, Warszawa 2004.

Tove Jansson, *Pamiętniki tatusia Muminka*, przeł. T. Chłapowska, Warszawa 1978.
Le Corbusier, *W stronę architektury*, przeł. T. Swoboda, Warszawa 2012
Samuel Bogumił Linde, *Słownik języka polskiego*, t. II, cz. II, Warszawa 1808.
Eryk Lipiński, *Eryk i Zuzanna – plakaty: rysunki ze świata zebrał dla córki tata*, Warszawa 2011.
Krzysztof Meisner, *Auto-architektura*, Warszawa 1966.
Krzysztof Meisner, *Dizajn*, Koszalin 2001.
Krzysztof Meisner, [w:] *Jerzy Sołtan. Monografia*, red. J. Gola, Warszawa 1995.
Maria Morozowicz-Szczepkowska, *Wnętrze polskiego domu dawniej i dziś*, Warszawa 1928 (cyt. za: P. Korduba, *Ludowość na sprzedaż*, Warszawa 2013).
Najwyższa Izba Kontroli. Informacja o wynikach kontroli używania symboli państwowych przez organy administracji publicznej, Warszawa 2005
George Orwell, *Rok 1984*, przeł. T. Mirkowicz, Warszawa 1988.
Victor Papanek, *Dizajn dla realnego świata*, przeł. J. Holzman, Łódź 2012.
Aleksander Puszkin, *Eugeniusz Oniegin: fragmenty*, przeł. J. Tuwim, Warszawa 1998.
Rainer Maria Rilke, *Starożytny tors Apollina*, [w:] tegoż, *Wybór poezji*, tłum. M. Jastrun, Kraków 1964.
Nela Rubinstein, *Kuchnia Neli*, przeł. E. Jasińska. Warszawa 1990.
Jean-Jacques Sempé, René Goscinny, *Rekreacje Mikołajka*, przeł. T. Markuszewicz, E. Staniszkis, Warszawa 1964.
Słownik języka polskiego, t. IV, red. A. Kryński, W. Niedźwiedzki, Warszawa 1900.
Słownik języka polskiego, obejmujący: oprócz zbioru właściwie polskich, znaczną liczbę wyrazów z obcych języków polskiemu przyswojonych, red. A. Zdanowicz, M.B. Szyszko, J. Filipowicz, W. Tomaszewicz, F. Czepieliński, W. Korotyński, B. Trentowski, Wilno 1861.
Ewa Solarz, *D. E. S. I. G. N.*, Warszawa 2010.
Ewa Solarz, *Ilustrowany elementarz dizajnu*, Warszawa 2012.
Filip Springer, *Wanna z kolumnadą*, Wołowiec 2013.
Deyan Sudjic, *Język rzeczy*, przeł. A. Puchejda, Kraków 2013.
Edward Szymański, *Satyry*, Warszawa 1962.

Adam Ważyk, *Poemat dla dorosłych i inne wiersze*, Warszawa 1956.
Peter Zumthor, *Myślenie architekturą*, przeł. A. Kożuch, Kraków 2010.

CZASOPISMA

Dokąd idziemy? Z Jerzym Hausnerem rozmawiał Grzegorz Sroczyński, „Gazeta Wyborcza", 9 sierpnia 2014.
Potrzeba publicznego luksusu. Z Grażyną Kulczyk rozmawiała Katarzyna Wężyk, „Gazeta Wyborcza", 26 września 2014.
Pierwsze ławki przeciw bezdomnym koło dworca. Nie da się na nich spać, „Gazeta Wyborcza. Szczecin", 12 sierpnia 2014.
„Projekt" 1964, nr 4.
„Projekt" 1965, nr 3.
„Projekt" 1969, nr 2.
„Ty i Ja" 1966, nr 5 (73).
„Ty i Ja" 1967, nr 1 (81).
„Ty i Ja" 1971, nr 3 (131).
„Ty i Ja" 1972, nr 6 (146).
Dariusz Bartoszewicz, *Na Ursynowie atrakcji mało, teraz usuną Dom Sztuki?*, „Gazeta Wyborcza", 4 czerwca 2010.
Arsienij Roginski, *Za naszą i waszą przeszłość*, oprac. P. Mitzner, „Karta" 1996, nr 20.
Szymon Syrkus, *Preliminarz architektury*, „Praesens" 1926, nr 1.

INTERNET

Co zmieniło się w rosyjskiej armii? Wykład Aleksandra Golca, przeł. Z. Dzięciołowski, Portal Media w Rosji. http://media-w-rosji.blogspot.com/2014/10/co-zmienio-sie-w-rosyjskiej-armii.html
I znowu przegraliśmy Powstanie. Blog Zdzisława Pietrasika. http://pietrasik.blog.polityka.pl/2014/12/04/i-znowu-przegralismy-powstanie/
Jak kolorowali Powstanie. http://tvnwarszawa.tvn24.pl/informacje,-news,jak-kolorowali-powstanie-wszystko-bylo-istotne,94353.html
Pragnienie rzeczy. Z Teresą Kuczyńską rozmawia Klara Czerniewska, „Dwutygodnik.com" 2012, nr 84.
The History and Evolution of the LEGO Minifigure. http://www.toys2remember.com/2010/11/lego-minifigure-history.html

SPIS ILUSTRACJI

s. 33: Shigeo Fukuda, *Victory 1945*; s. 61: Gerd Arntz, *piktogramy Isotype* © Gerd Arntz Estate, c/o Pictoright Amsterdam 2015; s. 62: fot. Tomek Frycz; s. 72: Edward Wadsworth, *Dazzle-ships in Drydock at Liverpool*; s. 83: fot. Topory. Licencja CC BY-SA 3.0; s. 88: Waldemar Świerzy, *Gillespie*; s. 130: fot. PAP/CAF – Grzegorz Press; s. 184: Henryk Tomaszewski, *Wystawa rzeźb Henry Moore'a*; s. 192: fot. Piotr Rypson, s. 201: fot. Carl Berkeley. Licencja CC BY-ND 2.0; s. 220: fot. Niklas Morberg. Licencja CC BY-SA 2.0; s. 250: fot. Greg Gjerdingen. Licencja CC BY-SA 2.0.

SPIS TREŚCI

Korekta: Ewa Ślusarczyk, Agnieszka Stęplewska
Projekt graficzny: Przemek Dębowski
Książkę złożono krojem Paperback 12
autorstwa Johna Downera

ISBN 978-83-65271-69-3
Wydanie II

Druk: Readme
ul. Olechowska 83, 92-403 Łódź

Wydawnictwo Karakter
ul. Grabowskiego 13/1, 31-126 Kraków

karakter.pl